Janine di Giovanni

Der Morgen als sie uns holten

Schriftenreihe Band 10029

Janine di Giovanni

Der Morgen als sie uns holten

Berichte aus Syrien

Aus dem Englischen von Susanne Röckel

bpb:
Bundeszentrale für
politische Bildung

Janine di Giovanni ist Kriegsreporterin und bei „Newsweek“ zuständig für den Mittleren Osten, zudem schreibt sie für „Vanity Fair“ und die „New York Times“.

Diese Veröffentlichung stellt keine Meinungsäußerung der Bundeszentrale für politische Bildung dar. Für die inhaltlichen Aussagen trägt die Autorin die Verantwortung.

Bonn 2017
Lizenzausgabe für die Bundeszentrale für politische Bildung
Adenauerallee 86, 53113 Bonn

Die englische Originalausgabe erschien 2016 unter dem Titel „The Morning They Came for Us. Dispatches from Syria" im Verlag Bloomsbury Publishing, London

Umschlaggestaltung: Naumilkat – Agentur für Kommunikation und Design, Düsseldorf
Umschlagfoto: © Sebastiano Tomada/Redux/laif

Karten: Peter Palm, Berlin
Satz: Dörlemann Satz, Lemförde
Druck und Bindung: CPI books GmbH, Leck

ISBN 978-3-7425-0029-8

www.bpb.de

Zur Erinnerung an meinen geliebten Bruder Joseph,
der am 11. August 2015 überraschend starb

Nur die Toten kennen das Ende des Krieges.

Plato

In einer solchen Welt der Konflikte, einer Welt der Opfer und Henker, haben denkende Menschen die Aufgabe …, nicht auf der Seite der Henker zu sein.

Howard Zinn,
Eine Geschichte des amerikanischen Volkes

Inhalt

TÜRKEI
(SANDSCHAK
ALEXANDRETTE)
Aleppo
Latakia
Orontes
ALAWITEN-
STAAT
ZYPERN
(brit. Kronkolonie)
Homs
STAAT DAMASKUS
GROSS-
LIBANON
Mittelmeer
Beirut
Jabrud
Maalula
Damaskus
DRUSENSTAAT
Suweida
Jordan
MANDATSGEBIET
PALÄSTINA

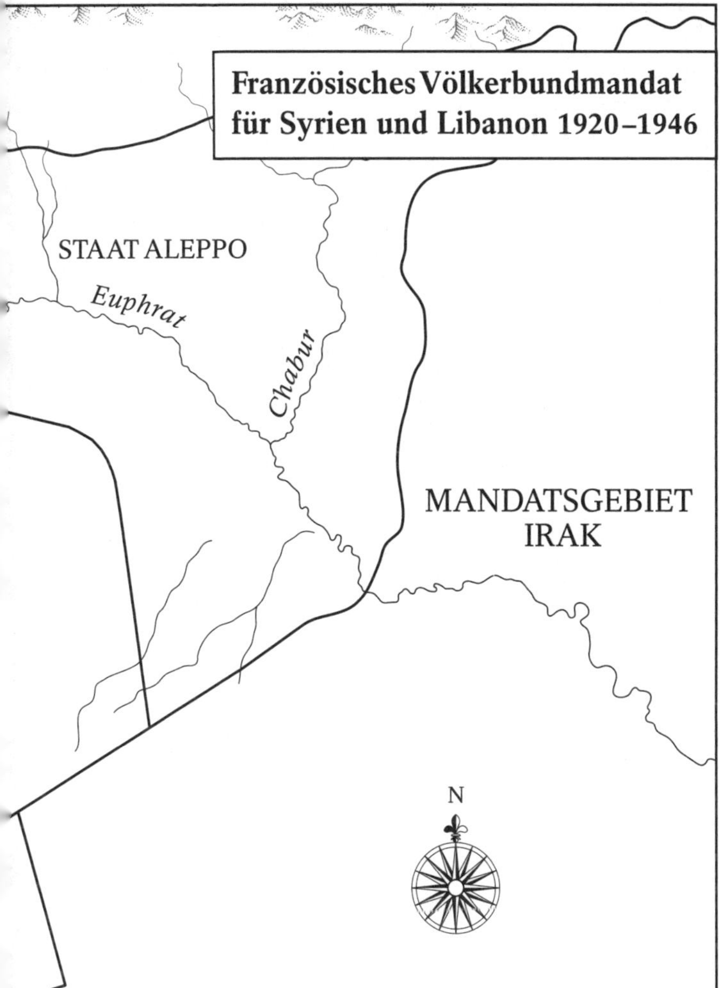
Französisches Völkerbundmandat
für Syrien und Libanon 1920–1946
STAAT ALEPPO
Euphrat
Chabur
MANDATSGEBIET
IRAK
N
0
50
100
150 km

Adana
Gaziantep
Aleppo
Latakia
Orontes
ZYPERN
Hama
Homs
Mittelmeer
LIBANON
Beirut
Jabrud
Maalula
Zabadani
Damaskus
Jordan
ISRAEL
Tel Aviv
Jerusalem
Amman
JORDANIEN

Syrien: 2015
ÜRKEI
Mossul
Euphrat
Chabur
RIEN
I R A K
N
0
50
100
150 km

Einleitung

Im Winter 2011 war ich in Belgrad. Der Krieg, der Jugoslawien zerstört hatte, lag schon viele Jahre zurück, aber ich arbeitete an einem Projekt, bei dem ich mir zum Ziel gesetzt hatte, Kriegsverbrecher aufzuspüren. Es war eine unlösbare Aufgabe, doch die heftigen Gefühle, die mich mit den Balkankriegen und seinen Nachwehen verbanden, konnten mit rationalen Maßstäben nicht gemessen werden.

Ein immer wiederkehrendes Fieber hatte mich ergriffen, seit ich in den frühen 1990er Jahren begann, aus Bosnien zu berichten. Die Männer, die so viel Böses angerichtet hatten, die Orte angezündet, Schulen und Krankenhäuser bombardiert, Kinder verstümmelt und Frauen massenhaft vergewaltigt hatten, lebten immer noch in ihren Dörfern, gingen an Wochenenden zum Angeln und veranstalteten Picknicks mit ihren Enkeln. Mir wurde buchstäblich schlecht, wenn ich daran dachte, dass sie unbehelligt lebten, während ihre Opfer tot waren; und ich rekapitulierte immer wieder die Ereignisse, die zum Untergang dieses unglücklichen Landes geführt hatten. Während meiner Recherche verbrachte ich mehrere Tage, aus denen dann Wochen wurden, mit dem Mann, der während des Krieges der Betreiber der Leichenhalle in Sarajevo gewesen war. Er hatte nicht nur die Leichen aufgebahrt und für das Begräbnis vorbereitet, sondern auch sorgfältig jeden Namen und alle Einzelheiten von Todeszeitpunkt und Todesursache notiert (Kugeln, Schrapnell,

Explosion). Seine Aufzeichnungen nannte er *Das Buch der Toten*. Eines Morgens, als er die Leichenhalle betrat, sah er seinen einzigen Sohn, einen jungen Frontsoldaten, auf der Totenbank liegen.

Der Mann überlebte und wurde alt, und als ich ihn zwei Jahrzehnte nach Kriegsende traf, zeigte er mir seine Aufzeichnungen Blatt für Blatt. Sein Partner, der mit ihm zusammen die Leichenhalle geführt hatte, war ein weniger robuster Mann: Jahre zuvor hatte er Suizid begangen.

Ich wollte, dass mein Fieber abkühlte, aber das tat es nicht. Im neuen Jahrtausend kamen Verbrecher aus den Balkankriegen – Vergewaltiger und Mörder – ungestraft davon. Ich sprach mit Frauen, die im Krieg in Lagern leben mussten und manchmal mehr als zehn Mal pro Tag geschändet worden waren; Frauen, die man gezwungen hatte, die Kinder ihrer Vergewaltiger auszutragen. Wohnten Opfer und Täter im selben Ort, begegneten diese Frauen nach dem Krieg ihren Vergewaltigern täglich auf der Straße oder in den Dorfläden oder vor den Schulen, in die sie ihre Kinder brachten. Und es waren die Opfer, nicht die Täter, die beschämt den Blick senkten, wenn sie einander begegneten.

Einige Täter entgingen ihrem Schicksal jedoch nicht. Radovan Karadžić, Psychiater, Fußballfan, Dichter und Führer der bosnischen Serben, dessen Marionettenregime im Dienst des einstigen serbischen Präsidenten Slobodan Milošević gestanden hatte, war 2008 in einem Bus in Belgrad gefasst worden. Er war nach dem Kriegsende 1995 untergetaucht und hatte sein äußeres Erscheinungsbild stark verändert. Unter falschem Namen posierte er als esoterischer Heiler. Während ich dieses Buch schreibe, steht Karadžić noch immer wegen Kriegsverbrechen unter Anklage, ein endgültiges Urteil ist bis jetzt nicht gefällt worden.

Slobodan Milošević, während dieser Kriege Präsident Serbiens, war 2001 in Hausschuhen in einen Hubschrauber verfrachtet und nach Den Haag geflogen worden. An diesem Tag war ich auch in Belgrad, aber in der Nacht darauf fuhr ich nach Sarajevo, die Stadt, die er gehasst und fast zerstört hatte. Ich wollte sehen, wie die Menschen reagierten. Ich erwartete Jubel, weil Milošević nun seine wohlverdiente Strafe erhielte, doch stattdessen fand ich nur Müdigkeit und Überdruss. Meine Freunde – ehemalige Soldaten, Anwälte, Studenten, Ärzte, Mütter, Lehrer – waren zu erschöpft, um zu feiern und sich an dem Sieg der Gerechtigkeit zu freuen. Der Krieg hatte ihnen alles genommen, und sie wollten ihn nur noch vergessen.

Für mich bedeutete es die größte Genugtuung, dass dieser Mann, der so viel Leid über sein eigenes Volk gebracht hatte, den Rest seines Lebens in einer Zelle in Den Haag sitzen würde. Doch Milošević entging seiner verdienten Strafe. 2006 wurde er tot in seiner Zelle aufgefunden. Einige sagten, es sei Suizid gewesen; andere meinten, dass willfährige Gefolgsleute ihm eine Pille zugespielt hätten, die zum Herztod führte; wieder andere waren der Meinung, er sei an gebrochenem Herzen gestorben. Tatsache ist, dass dieser böse Mensch gestorben war, bevor der Gerechtigkeit Genüge getan wurde.

Während ich an einem Nachmittag im Januar 2011 in einem ungeheizten Café in Novi Beograd saß und mit Männern sprach, die einst an seiner Seite gekämpft hatten, war Ratko Mladić, der General, der seine Leute dazu angestiftet hatte, ohne Hemmungen ihre niedrigsten Instinkte auszuleben, und der den Angriff auf Srebrenica befehligt hatte, noch immer auf freiem Fuß. Irgendwo in einem serbischen Dorf schlief er, beschützt von seinen Anhängern, tief und fest, während die Familien der 8000 in Srebrenica getöteten Männer und Jungen weiterhin mit den Schrecken der Vergangenheit leben mussten und die Erinnerung an die Opfer mit jedem Tag weiter verblasste. Jetzt, da ich dies schreibe, muss er sich der Anklage wegen Kriegsverbrechen stellen – doch auch in seinem Fall ist der Prozess noch nicht zu Ende, das Urteil noch nicht gesprochen.

Ich bin keine Ermittlerin, und ich wusste, dass ich nicht diejenige sein würde, die Mladić am Ende die Handschellen anlegt, aber in gewisser Hinsicht hatte ich viel mehr Freiheit als die Polizei. Ich konnte in den Cafés sitzen, in denen Mladićs Anhänger sich trafen und morgens ihren Tee tranken, ich konnte sie fragen, wo er zuletzt gesehen worden war. Ich konnte das Grab seiner Tochter besuchen, die sich während des Krieges auf tragische Weise das Leben genommen hatte, und die Frau fragen, die die Wege harkte, wann sie ihn das letzte Mal gesehen hatte; in welcher Stimmung er war; wie er aussah. Ich konnte versuchen, mich in ihn hineinzuversetzen und zu denken, wie er dachte. Indem ich ein Porträt des verfolgten Mladić gestaltete, wollte ich auch ihn unsterblich machen: so unsterblich wie jene, die er mutmaßlich ermordet hat (obwohl er jeglichen Mord von sich weist).

Kurz, ich wollte, dass die Menschen nicht vergessen.

Ich war noch dabei, meine Aufzeichnungen von Interviews mit seinen alten Schulfreunden, seinen Soldaten, seinen Kadern und Gefolgsleuten zusammenzustellen, als der Arabische Frühling begann – mit der Jasminrevolution in Tunesien und den Unruhen in Ägypten. Ich verfolgte die immer größer werdenden Demonstrationen auf dem Tahrir-Platz in Kairo im Fernsehen, zappte von einem Sender zum nächsten, sah die Bilder der riesigen Menschenmenge und wartete auf den Countdown – das Ende der Regierungszeit Hosni Mubaraks. Zwei Jahrzehnte zuvor hatte ich als junge Doktorandin mein Berufsleben im Nahen Osten begonnen, und die Region hatte mich mit Leib und Seele in ihren Bann gezogen, genauso wie es mir mit Bosnien passiert war.

Ich beendete meine Arbeit auf dem Balkan, und als Mladić im Mai 2011 verhaftet wurde, befand ich mich in Tunesien. Später fuhr ich weiter nach Ägypten, Libyen, in den Irak und schließlich nach Syrien. Es war, als hätte ich meine Obsession vom Balkan auf Syrien übertragen, das letzte Glied der Kette, die Perlenschnur der Revolutionen. In Syrien begann es friedlich, doch während ich dies schreibe, vier Jahre danach, hat sich die Revolution in einen grausamen, einen brutalen und scheinbar endlos währenden Krieg verwandelt.

Als ich das Land durchstreifte, kreuz und quer, von einer Seite zur anderen, manchmal legal (mit einem Visum des syrischen Regimes in meinem Pass) und manchmal illegal (über verschiedene Grenzen, um Stellungen von Rebellen zu erreichen), versuchte ich, keine Vergleiche mit Bosnien zu ziehen. Aber das war nicht einfach. Es gab die gleichen Flüchtlingsströme, die gleichen in Brand gesteckten Dörfer, und es gab auch hier die Frauen, die in Panik vor paramilitärischen Einheiten flohen, weil sie fürchteten, vergewaltigt zu werden. Trotz alldem, was wir aus den Kriegen in den 1990er Jahren gelernt hatten – Ruanda, Somalia, Liberia, Sierra Leone, Tschetschenien –, ließen wir zu, dass es erneut geschah.

Ein Freund, LR, ein Diplomat, der wie ich viele Erfahrungen im Nachkriegs-Bosnien gesammelt hatte und wie ich wusste, dass manche Lektionen nicht gelernt worden waren, hatte mir einmal geraten, in einem bestimmten Teil der

Welt nicht zu arbeiten, »weil du die ganze Zeit wütend sein wirst, und es wird eine Wut sein, die unversöhnlich bleiben wird«. Jetzt warnte er mich vor der Arbeit in Syrien. Er sagte, es werde mich wie Bosnien überwältigen, ich würde es emotional wahrscheinlich nicht verkraften, und einfühlsam setzte er hinzu, dass ich mir das nicht antun solle.

Und dennoch fuhr ich los.

1 Damaskus

Donnerstag, 28. Juni 2012

An einem frühen Morgen im Mai 2012, ein Jahr nach Beginn der syrischen Revolution, reiste ich zum ersten Mal nach Damaskus. Es war ein unerträglich heißer Frühsommertag mit dunstigem, opakem Licht. In Beirut hatte ich ein Taxi genommen, das mich etwas weniger als 100 US-Dollar in bar gekostet hatte. Der Fahrer holte mich an der Straße nach Damaskus ab und machte einen Scherz über das Erweckungserlebnis des heiligen Paulus, während er mein Gepäck in den Kofferraum lud. Dann fuhren wir über die Grenze, ließen Beirut mit seinen angesagten Strandclubs und wie jeden Donnerstag überfüllten Friseursalons und duftenden Restaurants und lärmenden Diskotheken hinter uns und näherten uns diesem anderen Land, das in den Abgrund des Bürgerkriegs zu stürzen drohte.

Im Neuen Testament heißt es, dass sich Paulus irgendwann im 1. Jahrhundert nach Christus auf genau dieser Straße befand, als etwas geschah. Ich bin nicht sicher, und Historiker und religiöse Fanatiker sind es auch nicht, ob er eine Stimme hörte oder ein Zeichen Gottes erhielt oder ob ihm einfach urplötzlich und schmerzhaft klar wurde, dass er falsch lebte. Jedenfalls ereignete sich eine mystische Verwandlung. Paulus verfolgte die frühen Christen nicht länger und wurde stattdessen ein treuer Anhänger Jesu. Sein Leben änderte sich für immer.

Man braucht vom Libanon aus nicht lange, um nach Syrien zu gelangen, und der kurze Weg vermittelt auch einen Eindruck davon, wie brutal die Region nach dem Ersten Weltkrieg und dem Sturz des Osmanischen Reichs zerrissen und neu aufgeteilt wurde. Frankreich erhielt das Völkerbundmandat für Syrien und Libanon zugesprochen, nach vielen falschen Versprechungen und nachdem die Araber von Franzosen und Briten vielfach belogen und betrogen worden waren. Den Syrern (besonders den Alawiten, die sich von der französischen Herrschaft am meisten unterdrückt fühlten) blieb der eigensinnige Wunsch nach Selbstbestimmung. Im April 1946 gewann das Land endlich als eine parlamentarische Republik seine Unabhängigkeit. Dann folgten eine Reihe von Putschen, bis 1963 die Arabische Republik Syrien ausgerufen wurde, nach einem Staatsstreich der Baath-Partei, der von mehreren Männern geplant und ausgeführt worden war: unter ihnen Hafiz al-Assad, der Vater des derzeitigen Präsidenten.

Wenn man sich diese Chronik von Verrat und Gewalt vor Augen hält, sieht man, dass der Grund für die Tragödie, die sich Jahrzehnte nach der künstlichen Grenzziehung der Kolonialmächte entwickeln sollte, damals geschaffen wurde. Es schien unausweichlich zu sein, dass sich die Zustände verschlimmerten.

Das Erste, was ich nach der Überschreitung der Grenze zum syrischen Hinterland sah, war ein riesiges Farbfoto von Baschar al-Assad, auf dem das Blau seiner ohnehin eindringlichen Augen verstärkt worden war, damit sein Blick noch intensiver wirkte. Das Zweite, was ich bemerkte, war eine Filiale der amerikanischen Restaurantkette Dunkin' Donuts, was mir sogar in diesem hochentwickelten Land seltsam vorkam. Dieses eklatante Symbol westlichen Kommerzes – kein kleines Straßenlokal, das Kaffee ausschenkt, sondern ein zuckervergiftetes Massenparadies – auf einer Schnellstraße nach Damaskus wirkte irgendwie paradox.

Es stellte sich heraus, dass Dunkin' Donuts nicht das war, was ich vermutet hatte. Nicht nur das Logo, sondern auch die gesamte Innendekoration sah der amerikanischen Originalversion zwar täuschend ähnlich, tatsächlich wurden aber nur getoastete Käsebrote verkauft. Ich bestellte mir eins und wurde dabei von drei schnurrbärtigen Männern beobachtet, die offensichtlich zum Muchabarat, der Geheimpolizei, gehörten. Rauchend standen sie an der Bar, während ein anderer Mann das Käsebrot zubereitete. Mein Fahrer stand nervös an der Tür und drängte mich zum Gehen, sobald ich bezahlt hatte.

Die Atmosphäre in Damaskus war in ähnlicher Weise paranoid aufgeladen wie im Irak in den alten Zeiten unter Saddam Hussein. Es lag etwas in der Luft, etwas wortlos Bedrängtes, was sich nicht Luft machen konnte, auch wenn im stehenden Verkehr überall gellend gehupt wurde. Menschen flüsterten, wenn sie sich in der Öffentlichkeit befanden. Sobald ein Kellner an einen Tisch trat, hörte man auf zu reden. Dem Muchabarat gehörten vielleicht dieselben Männer an, die mich zehn Jahre zuvor im Irak verfolgt hatten – ich sah die gleichen billigen Lederjacken, die gleichen ungepflegten Schnurrbärte. Viele der Baathisten, die ich aus dem Umkreis Saddams kannte, waren nach seinem Tod tatsächlich in ein anderes von Baathisten beherrschtes Land geflohen – nach Syrien.

Ich war nach Syrien gekommen, weil ich das Land sehen wollte, bevor es in den labyrinthischen Kaninchenbau eines Krieges stürzte. Während dieser ersten Reise, im Mai

2012, stand Syrien am Rand des Abgrunds. Man konnte es genauer definieren und es einen bewaffneten Konflikt zwischen zwei Lagern (später drei, dann vier, dann noch mehr) nennen, aber ich hatte schon früher gesehen, dass ein Krieg so anfing, und ich sah, dass er mit rasender Geschwindigkeit auf Syrien zurollte. Die Welt sah zu.

Ich hatte ein Visum, hielt ich mich also legal in Syrien auf, aber dennoch fühlte ich mich unwohl: Ich wurde observiert, man folgte mir. Ich checkte im Hotel ein, dem Dama Rose, wo auch die Militärbeobachter der Vereinten Nationen wohnten: schlechtgelaunte Männer, die ihrer Tätigkeit nicht mehr nachgehen durften, weil sie zu oft dabei angegriffen worden waren. Sie tranken einen Kaffee nach dem anderen und witzelten über die Bar im Erdgeschoss, die von attraktiven Russinnen – sie nannten sie »Nataschas« – frequentiert wurde. Da Putin Assads Verbündeter war, waren sie leicht an Visa gekommen und ungehindert ins Land eingereist. Ein paar Wochen später sollten aber auch die Nataschas fliehen.

An einem Donnerstag – dem Beginn des muslimischen Wochenendes – kehrte ich nach einem Tag voller Gesprächen mit Menschen, die nicht wussten, ob ihr Land in ein, zwei Jahren überhaupt noch existieren würde, ins Hotel zurück. Meine Interviewpartner waren Christen mit liberaler Grundhaltung. Sie befürworteten weder die gewaltsame Unterdrückung friedlicher Oppositionsbewegungen durch die Regierung noch einen bewaffneten Widerstand. Zu diesem Zeitpunkt versuchte ich, Anhänger und Kritiker Assads zu unterscheiden.

Es gab Rebellen, die ihn mit Waffen bekämpften; es gab Aktivisten, die einen digitalen Krieg gegen ihn entfesselten, mit Facebook, YouTube und Twitter als Munition; und dann gab es diejenigen, die an Orten wie Homs anfangs protestiert hatten, dann aber ausgestiegen waren, als ihre Gefährten sich bewaffneten. In einem Café in Paris hatte ich mich an einem bitterkalten Tag einige Monate zuvor mit Fadwa Suleiman getroffen, einer eleganten alawitischen Schauspielerin, die in den ersten Tagen und Wochen der Revolution die Proteste angeführt und dadurch eine gewisse Berühmtheit erlangt hatte (vorher war sie in syrischen Soaps zum Star aufgestiegen). Weil sie Alawitin war, also zur selben religiösen Gemeinschaft gehört wie Assad, und als Demonstrantin vom Regime Freiheit einforderte, wurde sie binnen kurzem zum Gesicht der Revolution. Aber sie sagte, dass sich die Dinge inzwischen geändert hätten. Es machte sie traurig, dass »die Revolution nicht in die richtige Richtung geht, dass Waffen im Spiel sind, dass die Opposition, die friedlichen Widerstand leisten wollte, das Spiel des Regimes spielt und dass das Land auf einen religiösen Krieg zusteuert«. »Ich wollte Syrien nicht verlassen«, fügte sie hinzu, »aber ich hatte keine andere Wahl. Ich wurde bedroht, und ich wurde zur Gefahr für die Aktivisten, die mir geholfen haben.«

Dann gab es diejenigen, die ich »die Gläubigen« nannte, Assads Anhänger, von denen einige ihm so treu ergeben waren wie Paulus Jesus; andere hingegen befürchteten einfach, dass sie als Minderheit einer Minderheit – Alawiten sind eine Gruppierung innerhalb des schiitischen Islam – untergehen würden, wenn die radikalen Sunniten an die Macht kämen.

Es gab eine Unterfraktion der Gläubigen, die nur ihre eigene Haut retten wollten: Sie wollten von Assad nicht ins Gefängnis geworfen werden. Privat missbilligten sie die Folterzellen des Regimes und die Bombenangriffe auf Aleppo, aber was sie hörten, konnten sie kaum glauben, und vor allem wollten sie nicht, dass die radikalen Islamisten die Regierung übernahmen.

Dann gab es eine weitere Fraktion: diejenigen, die nichts glaubten, sondern nur lebendig bleiben und etwas zu essen haben wollten. Sie wollten die Straße überqueren können, ohne von Granatsplittern getroffen zu werden, und sie wollten, wenn sie im Auto saßen und im Verkehr feststeckten, dass neben ihnen keine Bombe explodierte.

Gelegentlich verschoben sich die Fraktionen. Je länger ich im Land war, desto größer wurde die Vielfalt der Aktivisten, denen ich begegnete. Ich kannte einige, die zu Gläubigen wurden, als der IS – der sogenannte Islamische Staat, auf Arabisch manchmal ISIL, manchmal Daesch genannt – begann, Teile Syriens zu erobern, einfach, weil sie sich dieser Art des Islam nicht unterordnen wollten. Ein Islam, in dem Ärztinnen geköpft wurden, in dem schon Kindern beigebracht wurde, jeden zu hassen, der nicht war wie sie, und nur die radikalste, buchstäbliche Form der Religion akzeptiert wurde.

Es gab auch Rebellen, die die Seiten wechselten: Erst unterstützten sie die Freie Syrische Armee (FSA), dann die Al-Nusra-Front (den Ableger der Al-Qaida in Syrien) und schließlich machten sie den Sprung zum IS.

Und es gab viele Gläubige, die ihren Glauben verloren. Der Sprecher des Außenministeriums in diesem Frühjahr und Sommer war Jihad Makdissi, ein Christ mit muslimischem Namen und einem akademischen Abschluss der Sorbonne in Paris. In seinem Büro im Ministerium erklärte mir Jihad, dass sein Land ein Schmelztiegel verschiedener Religionen und Ethnien sei: der Griechisch-Orthodoxen, der Christen, der sunnitischen Kurden, der Schiiten, Alawiten und Juden. Er war aufgeklärt, intelligent und nachdenklich, und es war leicht zu erkennen, warum man ihm dieses Amt übertragen hatte. Er sollte dem Regime ein sanfteres Gesicht verleihen.

Doch Jihad blieb nicht lange auf seinem Posten. Ein Jahr nach meinem ersten Besuch in Syrien erfuhr ich aus der Zeitung, dass er sich mit seiner Frau und seinen Kindern an den Golf abgesetzt hatte, was ihn für immer zur *persona non grata* werden ließ – wenigstens unter Assads Regime. Danach, nur wenige Tage vor dem Scheitern der zweiten Runde der Genfer Friedensgespräche, traf ich ihn in einem Café in Genf zum Essen. Makdissi strebte nach einer politischen Karriere, ohne mit völliger Klarheit zu wissen, für welche Partei er sich engagieren sollte. Über seine letzten Tage in Syrien erzählte er mir: »Mir wurde klar, dass ich nicht mehr in der Lage war, Dinge zu akzeptieren, die ich früher akzeptiert hatte.«

Auch Fadwa Suleiman, die Schauspielerin, war aus Homs nach Damaskus geflohen, von dort nach Jordanien und am Ende nach Frankreich. Sie sagte, sie habe in Homs Sunniten gesehen, die zunächst nur Waffen getragen hätten, um sich zu verteidigen, und die dann begannen, diese Waffen gegen Regierungssoldaten zu richten. »Da habe ich es begriffen«, sagte sie, womit sie meinte, dass der Aufstand, den sie für friedlich gehalten hatte, sich allmählich in einen Bürgerkrieg verwandelte. Dafür verantwortlich machte sie weniger die Syrer selbst als die »anderen Länder« (Saudi-Arabien, Katar, Kuwait), die »die syrischen Straßen mit Waffen versorgen … Diese Leute sind gewillt, alles zu tun, um an die Macht zu kommen, genau wie Baschar al-Assad bereit ist, alles zu tun, um die Macht zu behalten.«

Fadwa war nicht besonders glücklich in Paris, wie sie erzählte; ihre Freunde fehlten ihr, die Familie, das alte Leben. Das Leben eines Menschen im Exil ist immer schwer, umso mehr, wenn das Heimatland sich im Krieg befindet und man selbst draußen steht und alles wie durch eine Milchglasscheibe betrachtet. Die Schauspielerin hatte sich in einer symbolischen Geste des Protests ihr langes Haar abgeschnitten, als die Demonstrationen in Homs begannen, und an jenem Nachmittag in dem Pariser Café sah sie mit ihrem kurzen Schopf in einem weiten Pullover mager, einsam und verfroren aus. Aber sie gehe erst zurück, sagte sie und fuhr sich energisch durchs Haar, wenn es wieder möglich wäre, Syrien als ihr eigenes Land wiederzuerkennen.

Die Poolparty in meinem Hotel an jenem Donnerstag im Frühsommer 2012 schien die letzten Tage eines verwöhnten Reiches anzukündigen, das dabei war zu implodieren. Im Hintergrund stieg Rauch auf von Granatfeuer in den südlichen Vororten, und eine hagere russische Natascha tanzte unbeholfen und ohne sich um die Detonationen zu kümmern am Rand des blauen Beckens. Syrische Frauen mit komplizierten Föhnfrisuren – Haarteile, Kunsthaar und Farbgel inbegriffen – stöckelten vorbei, sorgfältig geschminkt, in Bikinis und High Heels. Die Männer trugen bunte Badeshorts und tranken libanesisches Bier aus Flaschen mit Limetten im Hals und Gläsern mit Salzrand. Ein Remix von Adeles *Someone Like You* klang stampfend von einer Bühne.

Ich stand auf meinem Balkon und beobachtete den Rauch der Bombardements in den Vorstädten, betrachtete aber auch die bacchantische Szene unter mir, die die ersten Trommelwirbel des Krieges zu verleugnen schien. Stück für

Stück brach das Leben dieser Menschen auseinander, und bevor sie sich versahen, würden sie alle verraten und verkauft sein. Doch die Blase war noch nicht geplatzt.

Mehrere Wochen lang beobachtete ich den fiebrigen Hedonismus der donnerstäglichen Poolpartys im Dama Rose Hotel. In jener ersten Woche glich alles noch einem gewöhnlichen Wochenendanfang. Mittags hasteten die Frauen zum Friseur; die Straßen, die aus der Stadt führten – sofern noch offen –, waren von Luxuslimousinen verstopft. Wer es sich leisten konnte, ließ die Stadt hinter sich und fuhr aufs Land; entweder man besuchte Freizeitparks mit den Kindern, oder man steuerte Dörfer an, wo man Villen besaß. Partys wurden gefeiert, es gab Picknicks und aufwendige Abendessen.

Restaurants wie das Narenj, das fast einen halben Block in der Altstadt einnahm und betuchten Bürgern traditionelles arabisches Essen servierte, waren immer noch gut gefüllt. Eines Nachmittags besuchte ich dort eine Hochzeit, bei der man einen gehäuften Teller nach dem anderen vorgesetzt bekam: Lamm, Huhn, Reis, Datteln, Orangen und honigtriefende Süßigkeiten. Mir war schmerzlich bewusst, dass man, wenn man mit dem Auto fuhr und nicht in eine Straßensperre geriet, in weniger als einer Stunde Homs erreichte, wo Menschen verhungerten. In Hula fanden Massaker statt, und ständig flohen Menschen, die nichts mehr hatten, um ihre Familien zu ernähren, in den Libanon, die Türkei und nach Jordanien.

Der surrealste Aspekt der Partys im Dama Rose bestand darin, dass sie am vorübergehenden Wohnort jener 300 lahmgelegten UN-Soldaten aus 50 verschiedenen Ländern stattfand, die in Syrien als »Überwacher« fungieren sollten. In einem der oberen Stockwerke war ihr Chef, der norwegische General Robert Mood, mit einem eigenen Team einquartiert.

Am 14. Juni 2012 beendeten sie ihre Tätigkeit, weil es zu gefährlich für sie wurde. Nach und nach wurden die meisten dieser Männer abgezogen, und nur eine Notbesetzung von UN-Mitarbeitern blieb zurück – erschöpft und frustriert von der bedrückenden politischen Lage.

Nicht zum ersten Mal befanden sich die Vereinten Nationen in einer unbehaglichen Lage. Schon immer waren Journalisten und Auslandsberichterstatter mit einer Kritik der UN schnell bei der Hand. Ja, wir prangern gern die Ineffizienz ihres »aufgeblähten Apparats« (wie die abgedroschene Wendung lautet) und den oft allzu offensichtlichen Karrierismus gewisser Funktionäre an, der sie daran hindert, ihrer Verpflichtung zur Linderung menschlichen Leids nachzukommen. Es gibt Vetternwirtschaft und ausgedehnte Korruption. Aber es gibt auch einige höchst engagierte Amtsinhaber, und noch wichtiger, lokale Mitarbeiter, die entschlossen sind, Menschen zu helfen und ihr Leben dafür einzusetzen, trotz der Behinderungen durch die bürokratischen Streitigkeiten der internationalen Institution.

Diesmal waren die UN-Mitarbeiter, die in Homs und Zabadani eingesetzt werden sollten, an ein Hotel gefesselt. Sie befanden sich am Rand eines Krieges, den sie weder beeinflussen noch aufhalten konnten.

Die ehrlicheren höheren Funktionäre, die privat mit mir sprachen, erzählten mir von ihrer tiefen Sorge, dass Syrien als Staat scheitern könnte. Die lange Liste der schrecklichsten Katastrophen der jüngsten Geschichte – Genozide in Bosnien, Ruanda und Sri Lanka, Menschenhandel in Kosovo, Massenvergewaltigungen im Kongo (unter den Augen der Friedenstruppen), die Cholera, die in Haiti nach dem Erdbeben von 2010 ausgebrochen war[1] – würde dann auch Syrien umfassen.

Erfahrene Diplomaten wie Kofi Annan, Lakhdar Brahimi und Staffan de Mistura wurden gebeten, mit Assad und den Rebellen zu verhandeln. Annan und Brahimi gaben völlig ratlos auf, und de Mistura sprach im Winter 2015 noch immer von einem Plan zum »Einfrieren« lokaler Feuerpausen in Aleppo, der jedoch, kaum verwunderlich, nie ins Werk gesetzt wurde.[2] De Mistura, Humanist durch und durch, war entschlossen, weiterzumachen, das unerträgliche Leiden zu lindern. Nach vier Jahren Krieg braucht er sehr viel Hartnäckigkeit, um nicht aufzugeben, und noch mehr Geschick, um doch noch einen Weg zu Verhandlungen zu finden.

In der zweiten Juniwoche des Jahres 2012 wirkten die Teilnehmer der Poolparty düsterer. Man trank, die Musik stampfte, und wie eh und je beklagten sich die UN-Mitarbeiter über den Lärm. Aber die russische Tänzerin war nicht mehr da. Und in der dritten Woche brachen die Gäste früh auf. Mit deutlich besorgten Blicken eilten sie zu ihren Geländewagen; niemand wollte nach Einbruch der Dunkelheit draußen sein.

Am Nachmittag des 28. Juni sah ich, dass in der Ferne, in Richtung des Al-Marjeh-Viertels, gegenüber dem Gerichtsgebäude eine Rauchwolke in den Himmel stieg, die größer war als gewöhnlich. Zwei Autobomben waren an diesem Tag im Zentrum von Damaskus explodiert. Der Vortag war der blutigste Tag gewesen, seit 16 Monate zuvor der Aufstand begonnen hatte. An diesem Donnerstag gab es fast keine Partygäste, und die wenigen, die da waren, sahen entschieden unfroh aus. Es gab Musik, aber sie stampfte nicht. Niemand tanzte. Die meisten Menschen hatten ihr Telefon am Ohr oder versuchten per SMS, Nachrichten von Familie und Freunden zu erhalten.

2 Latakia

Donnerstag, 14. Juni 2012

Als ich auf dem Boden lag, standen sie über mir, schlugen mir in die Zähne, hämmerten mit Händen und Füßen auf mich ein. Ein Mann trat mir mit seinem Militärstiefel in den Mund.

Ich lag da, die Hände vor dem Gesicht, sie traten mich, und ich dachte: »Sie benutzen meinen Körper, um Judo zu üben.«

Und die ganze Zeit, während sie mich schlugen, sagten sie immer wieder: »Du willst Freiheit? Hier ist deine Freiheit!« Jedes Mal, wenn sie Freiheit sagten, boxten und traten sie stärker.

Dann änderte sich plötzlich die Stimmung. Es wurde ernst. Sie sagten, wenn ich nicht redete, würden sie mich vergewaltigen.

An dem Morgen, an dem sie sie abholten, war Nada noch im Schlafanzug. Die Luft war kühl von der Nacht, sie nahm daher an, dass es ungefähr sechs Uhr früh war. Sie hörte den Muezzin rufen und nahm wahr, dass ihr Vater, ein Handwerker, wie immer im Morgengrauen aufstand, um sein Gebet zu verrichten.

Als Nada die Augen öffnete, versuchte sie einen Moment lang, ihre Befürchtungen vor dem, was dieser Tag bringen könnte, zu vergessen und stellte sich vor, dass ihr Leben wieder so war, wie es immer gewesen war – vor 2011, vor dem Aufstand.

Zwei Tage zuvor hatte Nada einen seltsamen Anruf erhalten. Eine unbekannte Nummer. Sie starrte auf ihr Telefon und drückte dann auf den grünen Knopf, um den Anruf entgegenzunehmen.

»Ich bin's«, sagte er. »Ich bin im Gefängnis.«

Sie erkannte die Stimme. Es war ein enger Freund, ein Kollege. Einer, der sich »Aktivist« nannte und zu ihrer Gruppe gehörte. Er war von der Staatssicherheit abgeholt und ins Zentralgefängnis in Latakia gebracht worden.

»Warum rufst du mich an?«, fragte Nada. Sie setzte sich auf den Boden und drückte das Telefon ans Ohr. Aber sie wusste die Antwort und spürte, wie sich ihr vor Angst der Magen umdrehte.

»Kannst du herkommen, jetzt gleich?«, bat er. »Kannst du zur Polizeistation kommen? Sie wollen auch mit dir reden.«

Es war ein Signal, das sie vom Beginn des Krieges an geübt hatten.

Es bedeutete, dass die Polizei ihn gefasst hatte. Wahrscheinlich wurde er geschlagen und sollte die Namen all seiner Gefährten nennen, die mit Aktionen gegen das Assad-Regime kämpften. Vielleicht hatten sie mit einem Knüppel seine Fußsohlen zerschmettert oder seine Hoden an Kabel angeschlossen und den Strom eingeschaltet; vielleicht hielten sie seinen Kopf unter Wasser, bis er glaubte, seine Lungen würden bersten. Nada versuchte, nicht daran zu denken, wie es ihm ging, dass er verletzt sein konnte, hilflos, dass er Schmerzen hatte. Weinte.

Was immer geschehen war, sie hatten ihn vermutlich gebrochen, und er hatte ihnen Nadas Namen genannt. Aber er hatte ihr den Gefallen getan, sie anzurufen. Das bedeutete, dass sie Zeit hatte zu fliehen.

Sie drückte auf den roten Knopf, beendete das Gespräch, zog die Beine an und senkte den Kopf. Es gab keinen Ort, an den sie fliehen konnte. Sie konnte nur warten.

Am Ende der Straße, die auch durch die Stadt führt, in der Nada ihre Kindheit verbracht hatte, liegt das Bergstädtchen Kardaha, wo Hafiz al-Assad geboren wurde, Baschars Vater, der Syrien 30 Jahre lang regiert hatte. Hafiz war in einer armen Familie zur Welt gekommen, hatte sich als Student der Baath-Partei angeschlossen und war später Leutnant der syrischen Luftwaffe geworden. Nach dem Staatsstreich von 1963, bei dem die Baathisten die militärische Kontrolle über das Land erlangten, wurde Hafiz al-Assad zum Kommandeur der Luftwaffe ernannt. 1966, nach einem weiteren Putsch, wurde er Verteidigungsminister. Von diesem Punkt an gewann er innenpolitisch immer mehr Popularität, was ihm später erlaubte, Salah Dschadid, den Stabschef der Streitkräfte, zu stürzen.

Hafiz war in Kardaha geboren und begraben worden. Nach seinem Tod im Jahr 2000 wurde er in einem weißen Mausoleum beigesetzt. Neben ihm lag sein Sohn Basil, sein designierter Nachfolger, der 1994 mit 31 Jahren bei einem Autounfall ums Leben gekommen war. Das Grab seiner Mutter Na'sa, von krummen Bäumen beschattet, liegt etwas weiter weg an derselben Straße.

Nada wuchs im Siedlungsgebiet der Alawiten auf und fühlte sich als Angehörige der sunnitischen Minderheit immer isoliert. Von Verwandten hatte sie Geschichten über das Massaker von Hama im Februar 1982 gehört, bei dem die syrische Armee und Spezialkräfte der Abwehr unter dem Befehl des Präsidentenbruders Rifaat al-Assad die Stadt Hama 27 Tage lang unter Beschuss genommen hatten, um einen Aufstand der Muslimbruderschaft niederzuschlagen. Dieser Angriff beendete den Feldzug gegen die Regierung, den linke und unabhängige Oppositionelle, liberale Geistliche und die sunnitisch-islamische Muslimbruderschaft 1976 begonnen hatten. Rifaat al-Assad leugnete später, den Angriff befehligt zu haben.

Niemand kennt die genaue Zahl der Getöteten. Diplomaten sprachen von 1000 Toten, doch andere Quellen schätzen, dass es bis zu 10000 Opfer gegeben hat. Auch Nada wusste keine genaue Zahl, als ich sie danach fragte.

Sie war mit diesen Geschichten aufgewachsen – und mit Geschichten der darauffolgenden Inhaftierung und Verfolgung von Sunniten –, aber ihre Gründe, sich der Opposition anzuschließen, waren nicht religiöser Natur. Sie hatte mitgemacht, weil sie sich wünschte, »die Chance zu haben, in einer Demokratie zu leben. Wie Sie.«

Im März 2011, als sich der Arabische Frühling in den Ländern um sie herum ausbreitete, hörte sie zum ersten Mal Berichte von Unruhen in der südwestlich gelegenen Stadt Daraa, nördlich der jordanischen Grenze. Dort hatte der syrische Aufstand begonnen.

Den Anfang machten Kinder. 15 Kinder, alle aus derselben Familie, schrieben Anti-Assad-Slogans an die Wände ihrer Schule. Sie wurden verhaftet, geschlagen, gefoltert und ins Gefängnis geworfen.

Jeden Tag gingen ihre Angehörigen zu den lokalen Behörden und flehten um Nachrichten von ihren Kindern. Sie erhielten keine. Aus diesem Schweigen, der staatlichen Willkür, an die die Syrer sich so gewöhnt hatten, entstand schließlich der Geist der Rebellion. Vielleicht wurde er gestärkt durch das, was nicht weit entfernt in Tunesien, in Libyen, in Ägypten passierte. Jedenfalls standen jetzt Menschen auf, die vorher Angst gehabt und sich einem Regime unterworfen hatten, von dem sie 40 Jahre lang unterdrückt worden waren. »Es war, wie wenn man Menschen beobachtet, die schlafen und plötzlich aufwachen«, sagte Nada.

Am 18. März, Frühlingsanfang, versammelten sich Hunderte Menschen vor der Al-Omari-Moschee und sangen und forderten Reformen. Sie forderten das Ende von Korruption, Nepotismus und Arbeitslosigkeit, die Abschaffung von Folter, Sicherheitsdiensten und Geheimpolizei, sie wollten keine Angst vor Verfolgung mehr haben. Sie beklagten, dass es keine Hoffnung gab, keine Zukunft, keinen politischen Willen. Sie demonstrierten für eine Veränderung des Lebens, das sie kannten, des Lebens unter Assad. Binnen einer Woche strömten Tausende von Menschen zu den Demonstrationen.

Von Anfang an schossen die Sicherheitskräfte auf die Protestierenden. Am ersten Tag wurden drei Menschen getötet. Zwei Tage später kamen sieben Polizisten und weitere vier Demonstranten um. Der Bürgerkrieg hatte begonnen. Es war keine Überraschung, dass er ausgebrochen war, überraschend war allerdings, wie schnell er sich im ganzen Land ausbreitete: von Daraa nach Homs, von Hama nach Aleppo, nach Damaskus und sogar nach Latakia, dem Kernland des Assad-Regimes und der Alawiten.

Nada stieß als Freiwillige zur Opposition, sie wollte alles tun, um zu helfen. Zunächst tat sie das, was gerade notwendig war. Sie brachte medizinisches Material an die Frontlinien, wo die oppositionellen Soldaten – eigentlich keine Soldaten, sondern ihre Kommilitonen und Freunde – gegen

Assad kämpften. Sie bereitete Essen zu – Reis, Gemüse, Obst – und lieferte belegte Brote an verschiedene Orte. Dann begann sie, Berichte über die Ziele und Strategien der Opposition zu schreiben.

Es war eine äußerst gefährliche, aber wichtige Arbeit. Man wurde auf sie aufmerksam, und schließlich kam die Ernennung zur Chefin der lokalen Abteilung der »Revolutionären Medien«. Soziale Medien spielten überall in den Massenerhebungen des Nahen Ostens eine sehr große Rolle, und Nada begann, Facebook- und Twitter-Accounts zu koordinieren, um »die Botschaft eines demokratischen Syrien« verbreiten zu helfen.

»Ich glaubte an das, was wir taten«, sagte sie, »und, ja, ich hatte Angst. Wir lebten in einem Land, in dem die Sicherheitskräfte und die Polizei immer gefürchtet waren. Es war schwer, diese Einstellung – mit der ich aufgewachsen war – aus meinem Kopf zu bekommen, zu leben, als ob wir tatsächlich frei wären.«

Ein Jahr lang hatte sie mit ihren Kameraden in aller Stille gearbeitet. Jetzt wurde ihr klar, dass die Behörden sie die ganze Zeit unter Beobachtung gehabt haben mussten. Wie ihre Freunde wusste sie, dass es nur eine Frage der Zeit war, bis man sie verhaftete.

Als Nada an jenem Junimorgen 2012 das Telefon weglegte, blieb sie einen Moment auf dem Boden sitzen und versuchte, ihre Gedanken zu ordnen. *Denk nach*, sagte sie sich. *Bleib ruhig*. Sie konnte weglaufen. Aber wohin? Was würde sie ihrer Familie sagen, die glaubte, sie würde studieren? Und wie würde sie an Geld kommen, einen Pass, ein Flugticket?

Sie beschloss zu bleiben. »Ich wusste, dass ich ihnen nicht entkommen konnte. Ich musste mich ihnen stellen.«

Ihr erster Gedanke war, alles zu zerstören, was sie mit der Opposition in Verbindung bringen konnte. Wenn sie gefasst wurde, wäre alles gefährdet. Sie öffnete ihr Handy, nahm die SIM-Karte heraus und zerschnitt sie. Dann ging sie durch das ganze Haus und vernichtete jedes einzelne Dokument, jedes Foto, die Kamera, Hefte, USB-Sticks – alles, was als Beweis gegen sie verwendet werden konnte.

Während sie wie ferngesteuert diese Dinge tat, ihre Texte vernichtete, ihre Gedanken, ihre Aufzeichnungen, fragte sie sich, was ihr Vater und ihre Mutter wohl sagen würden, wenn die Polizei sie abholte. Sie wussten nichts von ihrem geheimen Leben. Sie hatten sich für sie gefreut, als sie eine halbtags tätige »Journalistin« geworden war. Nun zerriss sie ihre Hefte und Papiere und ging in den Garten, um alles in einer Tonne zu verbrennen. Aber sie bereute nichts. Wie so viele andere hatte sie das Gefühl, dass sie sich in dem Prozess des Aufbaus eines neuen, freien Landes befand. Selbst als sie all diese persönlichen Dinge zerstörte und sich in den verbleibenden Stunden auf die Verhaftung vorbereitete, glaubte sie immer noch daran, das Richtige getan zu haben.

Zwei Tage später war alles getan. Nada konnte jetzt nur noch darauf warten, dass sie kamen.

Jeder erinnert sich an den letzten Morgen des normalen Lebens. Die Sonne strahlte durch Nadas Fenster auf ihr Bett und beschien die Decke. Sie erinnert sich an das hastige Klopfen ihrer Mutter an der Tür. Sie erinnert sich an das vom Hidschab umschlossene bleiche Gesicht ihrer Mutter und an ihren angespannten Mund, als sie sich zu ihrer Tochter im Bett beugte und flüsterte: »Draußen stehen sechs Polizeiautos; sie rufen nach dir.«

Nada setzte sich auf und sprang aus dem Bett. Es gab jetzt keinen Ausweg mehr. Sie hatte nur geglaubt, es würde länger dauern, bis sie sie abholten.

Noch immer im Schlafanzug nahm sie ihren Laptop vom Schreibtisch und rannte ins Bad. Sie verriegelte die Tür. Sie setzte sich auf den kalten Boden, den Kopf in den Händen, bis sie sie erst klopfen, dann hämmern hörte.

»Du musst die Tür aufmachen, Farrah«, sagte einer von ihnen. Er benutzte ihren Kampfnamen. »Mach die Tür auf, Farrah. Es ist nur Holz. Ein Tritt, und sie ist auf.«

Sie klopften wieder. Und wieder.

Nada tat nichts. Sie war völlig erstarrt. Sie hielt den Laptop gegen ihren Bauch gedrückt und schaukelte auf dem Boden hin und her.

»Farrah? Wir kommen jetzt rein.«

Sie traten die Tür ein und fanden sie auf dem Boden.

Nada ist sehr klein. Ihre Knochen sind zart, und ihr Gesicht hat fast etwas Puppenhaftes, mit großen blauen Augen, die sie jünger aussehen lassen, als sie ist. Sie ist 25 Jahre alt. Sie wirft sich einen Hidschab über ihr Haar, aber ein paar feine Strähnen von hellem Braun fallen heraus.

Einer der Männer hob sie halb vom Boden hoch. Nada fragte zaghaft: »Darf ich mich anziehen?«

»Zieh dich an. Schnell.«

Sie ging mit pochendem Herzen in ihr Zimmer und zog sich eine Jeans und einen Pullover über.

Woran Nada sich, wie sie sagte, immer am deutlichsten erinnerte, war der verblüffte Ausdruck auf den Gesichtern ihrer Eltern, als man sie gewaltsam in das Polizeifahrzeug verfrachtete. Sie ging gehorsam mit, aber sie öffneten die Hecktür und schoben sie wie einen Sack ins Innere. Sie sah nach ihren Eltern, als sich ihr Vater dem Fahrzeug näherte und darauf beharrte, dass er das Recht habe, seine Tochter zu begleiten. Er stritt sich mit den Polizisten. Nada hörte sie kaum, aber schließlich stieg ihr Vater zu ihr ins Auto. Er sagte nichts.

Sie fuhren zur Station der Militärpolizei, und obwohl er schwieg, beruhigte sie die Anwesenheit ihres Vaters. Es sollte aber nur eine kurze Erleichterung sein, denn als sie angekommen waren, wurde ihm befohlen, wieder nach Hause zu gehen.

Ihr Vater verabschiedete sich von ihr und sagte, sie solle stark sein. »Als ich sah, dass mein Vater ging«, erinnert sie sich, »wusste ich, dass ich nun ganz allein war und dass sie alles mit mir machen konnten, was sie wollten.«

Stunden später, als sie begonnen hatten, sie zu schlagen, und noch später, nach den Misshandlungen und dem Schlafentzug und nachdem sie sie so heftig getreten hatten, dass ihre kindlichen Kieferknochen den Gaumen durchdrangen und die Haut aufrissen, nachdem die Schläge mit dem Gewehrkolben auf ihren Kopf, ins Gesicht und in die Nieren zur Gewohnheit geworden waren – erkannte sie, dass sie einen Ort betreten hatte, von dem sie nie mehr zurückkehren konnte.

• • •

Die tiefste Tiefe, die ein Mensch erreichen kann, erreicht er, wenn er foltert oder Folter erleidet. Das Ziel des Folterers ist es, einem anderen Menschen grausige Schmerzen zuzufügen und ihn zu entmenschlichen. Seine Handlungen zerstören nicht nur die Seelen der Beteiligten – die des Opfers und die des Täters gleichermaßen –, sondern auch das spezifische Gefüge einer Gesellschaft. Indem man Männer oder Frauen sexuell misshandelt oder ihnen auf andere Weise Gewalt antut, verwandelt man sie in etwas Nicht-mehr-Menschliches. Wie kann jemand nach einer solch brutalen Behandlung in die Gemeinschaft der Menschen zurückkehren?

Anfang 2012 erschienen die ersten Berichte über Massenvergewaltigungen in Syrien, begangen von beiden Konfliktparteien. Im Januar 2013 las man in Untersuchungen des International Rescue Committee (IRC), dass syrische Flüchtlinge im Libanon und in Jordanien Vergewaltigung als den »Hauptgrund« dafür angaben, »dass ihre Familien aus dem Land geflohen waren«. Der stellvertretende Leiter des Flüchtlingshilfswerks der Vereinten Nationen (UNHCR) bezog sich auf diese Untersuchungen, als er sagte: »Syrien ist zunehmend gekennzeichnet von Vergewaltigungen und sexueller Gewalt.«

Obwohl beiden Seiten solche Verbrechen zur Last gelegt werden, scheinen sie hauptsächlich seitens des Regimes verübt zu werden, und hier vor allem von den Schabiha-Milizen, deren Name sich von dem arabischen Wort für »Gespenst« ableitet. Wenn es um sexuelle Gewalt ging, überließen Assads Regierungstruppen der Schabiha die schmutzige Arbeit. Ihre Taktik bestand im Wesentlichen darin, Angst und Schrecken zu erzeugen. Nachdem die Regierungstruppen in der Region gekämpft hatten, gingen die Milizionäre in Städte und Dörfer und verbreiteten das Gerücht, dass sie Frauen vergewaltigen würden – Töchter, Mütter, Cousinen und Nichten. Daraufhin ergriffen die Einwohner erschrocken die Flucht und ließen verbrannte Erde zurück. Das ist eine bequeme Methode, eine ganze Region von Oppositionellen und unerwünschten Personen zu säubern. Angst kann so einfach verbreitet werden.

Berichte bestätigten, dass die sexuelle Gewalt nicht nur gegen Frauen gerichtet war. Es gab auch Vergewaltigungen von Männern, besonders von Inhaftierten. Gefängnisse waren gewöhnlich die Orte, an denen diese Verbrechen begangen wurden, aber es geschah auch an Checkpoints und in Privathäusern, die »gesäubert« werden sollten.

Nach Veröffentlichung des IRC-Berichts tauchten auf YouTube, Twitter und in Blogs immer mehr Geständnisse diverser Schabiha-Kämpfer auf. Zweifel bei solchen Geständnissen bleiben, da oft – etwa im Fall des Vergewaltigers weiter unten – nicht mit letzter Sicherheit festgestellt werden kann, ob sie unter Zwang zustande kamen oder nicht.

Dennoch ist das Zeugnis dieses gefangenen Schabiha-Mannes ein grausiges Dokument:

Frage: Wie lange gehörten Sie den Sicherheitskräften an?
Antwort: Seit dem Anfang der Revolution.
Frage: Was ist Ihr Ziel?
Antwort: Die Revolution zu Fall zu bringen.
Frage: Und was noch?
Antwort: Als Anreiz bekamen wir einen gewissen Geldbetrag.
Frage: Wie viel?
Antwort: 15 000 syrische Pfund.
Frage: Wöchentlich? Monatlich?
Antwort: Monatlich.
Frage: Führen Sie Angriffe durch?
Antwort: Ich bin für Sicherheit zuständig.
Frage: Sicherheit?
Antwort: Ja, Sicherheit.
Frage: Bei der Armee?

Antwort: Ja, und wir greifen die Häuser an, weil wir die Sicherheitsleute sind.

Frage: Sicherheitsleute?

Antwort: Genau. Wir durchsuchen die Häuser. Wenn Männer da sind, sorgen wir dafür, dass sie ein paar Stunden weg sind. Wir nehmen das ganze Geld und den Schmuck, den wir finden. Und wenn Frauen da sind, vergewaltigen wir sie.

Frage: Wie viele Frauen haben Sie vergewaltigt?

Antwort: Es gab sieben Fälle von Vergewaltigung.

Frage: Sieben?

Antwort: Genau.

Frage: Wo fanden diese Vergewaltigungen statt?

Antwort: Einige im Dorf Al Fawl. Die ersten in der Schule, wir vergewaltigten sie sechs Stunden lang. Dann gingen wir in ein weiteres Haus, als Sicherheitsleute, mit der Begründung, dass Terroristen darin seien. Wir betraten das Haus, wir haben den Mann gefesselt, Schmuck und Geld genommen, und wir vergewaltigten Frauen. Eine von ihnen war aus Knissat Bani Az. Und wir waren zu viert (ich und drei Schabiha), und nach ihrer Vergewaltigung hat sie sich umgebracht. Dann noch eine junge Frau, wir haben ihr Haus durchsucht und haben Geld gestohlen und sie vergewaltigt. Und noch ein Fall in Damaskus. Wir gingen in das Haus, weil wir Sicherheitsleute waren. Wir gingen rein und vergewaltigten ein Mädchen.

Frage: Und wen haben sie an die Armee ausgeliefert?

Antwort: … (Fünf Namen.)

Frage: Und wer sind die Sicherheitsleute, mit denen Sie zu tun haben?

Antwort: Oberstleutnant …

Frage: Wer noch?

Antwort: Zwei andere.
Frage: Wer ist …?
Antwort: Er ist von der Küste [die Region um Latakia].

Ob Vergewaltigung in Syrien als eine Kriegswaffe eingesetzt wird oder nicht, muss noch genau untersucht werden, doch in jedem Fall ist es eine angsterzeugende Methode. Im Februar 2013 stellte ein Bericht der Commission of Inquiry on Syria (COI) beim UN-Menschenrechtsrat fest: »Syrische Flüchtlinge … berichteten, dass einer der Fluchtgründe für Familien in dem nach ihrer Wahrnehmung erhöhten Risiko bestand, entführt und vergewaltigt zu werden.«[3]

Die folgenden Erkenntnisse (aus demselben COI-Bericht) basieren auf 41 Interviews, in denen es um sexuelle Gewalt gegen Männer und Frauen ging:

> »Zwischen 20 und 30 Soldaten und Schabiha – die sie namentlich kannte und als ›Schiiten‹ aus ihrem Dorf beschrieb – betraten ihr Haus. Sie suchten nach den Männern. Ihre Tante, drei Cousinen und drei Schwägerinnen befanden sich in dem Haus, die Männer versteckten sich im Keller. Sie schlugen die betagte Tante, als diese ihnen sagte, die Männer seien im Libanon. Einer der Schabiha nahm zwei ihrer Cousinen mit nach oben in ein Zimmer und schloss die Tür, während die anderen unten blieben. Nachdem der Schabiha gegangen war, sagten die beiden Frauen, sie seien geschlagen worden, aber sie bemerkte, dass die Cousinen nicht mehr richtig gehen konnten und nicht erklären konnten, warum sie von den anderen Frauen getrennt worden waren, wenn es nur darum ging, dass sie geschlagen werden sollten.«

Vergewaltigung ist in jeder Gesellschaft ein entsetzlicher Akt, doch in muslimischen Kulturen wirkt sich dieses Verbrechen besonders verheerend aus. Vorstellungen von Jungfräulichkeit sind bestimmend für das zentrale Prinzip der Ehre im Islam, und das gilt nicht nur für die Opfer, sondern für die ganze Familie. Der COI-Bericht führt fünf Fälle von Frauen an, die nach ihrer Vergewaltigung Suizid begingen. Schon vierzehnjährige Mädchen wurden als Opfer ausersehen, wie der Auszug aus dem Bericht weiter unten zeigt.

»Sexuelle Gewalt in Syrien wird nicht systematisch angewandt – nicht wie in Ruanda, wo man vorhatte, einen Genpool auszulöschen«, sagte Dr. Zahra, eine syrische Gynäkologin, die intensiv mit Vergewaltigungsopfern arbeitete und die ich 2013 an der türkisch-syrischen Grenze traf. »Aber es passiert. Es passiert jeden Tag.« In Antakya, wo ich Dr. Zahra besuchte, lebten damals etwa 9500 Syrer, die aus ihrem Land geflohen waren.

»Nicht jede Frau, die verhaftet wurde, wurde auch vergewaltigt. Nicht alle Frauen, deren Häuser überfallen wurden, wurden vergewaltigt.« Dr. Zahra macht eine Pause. »Aber diejenigen, die das erlitten haben, sind schwer traumatisiert.«

> »Die junge Frau war mitten auf der Straße von vier Männern entführt worden, zwei in Militäruniformen und zwei in Zivilkleidung. Sie wurde in ein unbekanntes Gebäude gebracht, wo man sie festsetzte und verhörte. Die Leute, die das taten, beschrieb sie als ›Schiiten aus meinem Viertel‹. Von einer Frau wurde sie zur Tätigkeit ihrer Mutter für die FSA [Freie Syrische Armee, die Opposition] befragt.

Während des Verhörs wurde sie mit elektrischen Kabeln geschlagen, und ihr wurden Spritzen verabreicht … und auf ihrer Brust wurden Zigaretten ausgedrückt. Für einen längeren Zeitraum bekam sie weder Essen noch Wasser. Am fünften Tag ihrer Gefangenschaft wurden vier junge Männer in den Raum gebracht, und sie vergewaltigten sie. Zwei Tage später wurde sie freigelassen.

Ihr Vater brachte sie zu einer Gynäkologin außerhalb von Syrien. In einer separaten Befragung bestätigte die Ärztin Blutergüsse, Brandnarben, Einstiche an den Armen und Verletzungen an den Genitalien. Dieses vierzehnjährige Mädchen hat drei Mal versucht, sich umzubringen. Es sagte: ›Mein Leben hat keinen Wert. Ich habe alles verloren. Was verloren ist, kommt nicht zurück.‹«

COI-Bericht der Vereinten Nationen, Februar 2013

Nadas Zeit war gekommen.

Die Polizisten (oder vielleicht die Männer der Geheimpolizei oder des Geheimdienstes, sie war sich nicht sicher, wer sie waren) betraten den Raum, setzten sich und sahen sie an, als wäre sie ein Hund. Einer sagte unvermittelt: »Rede, oder wir ziehen dich aus!«

Doch Nada, vor Angst zitternd, blieb auf dem Boden kauern. »Ich war wie einer dieser kleinen Hunde, wissen Sie, diese Hunde, die ständig zittern und nicht aufhören können?«

Sie hatte nie geglaubt, dass ihr das einmal passieren würde, nie über die möglichen Konsequenzen nachgedacht, wenn sie als Angehörige der Opposition einmal gefangen genommen würde. »Ich hab es einfach gemacht. Ich dachte nicht darüber nach – vielleicht erlaubte ich es mir nicht, darüber nachzudenken –, was passieren konnte.«

Und doch weinte Nada nicht, wenigstens nicht am Anfang. Sie lag einfach auf dem Boden und wünschte, sie wäre tot.

Acht Monate und drei Tage sind eine schrecklich lange Zeit, wenn man gefangen gehalten und gefoltert wird. Und sie hatte nicht nur körperliche Schmerzen auszustehen. Der schlimmste Moment war vielleicht, als ihre Kerkermeister ihr freudig mitteilten, dass man ihrer Familie die Nachricht von ihrem Tod überbracht habe.

Nada verbrachte ihre Tage und Nächte in einer schmutzigen Zelle nicht weit von ihrem Elternhaus entfernt, aber die Menschen, die sie in der Welt am meisten liebte, trauerten um sie. Ihre Eltern und Geschwister glaubten, dass sie nicht mehr lebte. Nada fühlte sich unsichtbar. Sie fühlte sich allein. Die seelische Folter war schrecklicher als der körperliche Missbrauch.

»Daran zu denken, dass die Außenwelt, die Menschen, die man liebt, glauben, man wäre tot, obwohl man lebendig ist …«

Eine kleine, dunkle Zelle wurde für acht Monate Nadas Zuhause. Sie war nicht einmal groß genug, dass sie ihren kleinen Körper darin ausstrecken konnte; sie musste immer gekrümmt liegen. Die Jeans, die sie während dieser ganzen Schreckenszeit trug, haben immer noch tiefe Falten an den Stellen, wo sie ihren Körper nicht dehnen konnte.

»Ich habe sie behalten«, sagt Nada. »Um mich daran zu erinnern, was sie mir angetan haben.«

In einer Ecke der Zelle waren ein Loch – eine arabische Toilette – und ein Wasserhahn. »Ich ließ die ganze Zeit das Wasser laufen, weil ich Angst davor hatte, dass Ratten über die Kanalisation hereinkämen und mich beißen würden.«

Sie konnte kaum schlafen, und wenn sie doch in Tiefschlaf sank, träumte sie von diesen Ratten, die über ihren Körper wuselten. Schreiend und weinend wachte sie dann auf, die Arme um den Bauch gekrampft, um sich vor den imaginären Nagern zu schützen.

Andere Männer und Frauen hausten in den Zellen neben ihr. Sie wusste nicht, wer sie waren, aber sie hörte ihre lauten Schreie, sie hörte sie um Gnade flehen, um das Ende ihrer Qualen. Einige riefen nach ihren Müttern.

»Das war Teil meiner Folter«, sagte sie. »Dass ich andere Menschen bitten und betteln hörte und wusste, dass ich als Nächste drankäme. Wenn sie vor meiner Tür stehen blieben und den Schlüssel herumdrehten, setzte mein Herz aus.«

Sie versuchte, den Überblick über die Zeit nicht zu verlieren, doch das war unmöglich, da sie körperlich immer mehr abbaute. Sie stellte sich vor, dass sie verschwand. Sie bekam keine Nachrichten, weder von Angehörigen noch von Freunden noch von den Kameraden, die auch gefangen genommen worden waren. Man sagte ihr, dass andere Aktivisten sie verraten hätten, dass Assad den Krieg gewonnen habe und dass von der Opposition nichts übrig sei. »Ich sank in ein schwarzes Loch.«

Als sie um Wasser bat, brachten ihre Folterer einen Gefangenen zu ihr, den sie zwangen, in eine Flasche zu urinieren. Dann versuchten sie Nada dazu zu zwingen, aus der Flasche zu trinken. Als sie ausspuckte, wischten sie es ihr ins Gesicht. Der Gefangene fühlte sich nicht weniger gedemütigt als sie und vermied ihren Blick.

»Ich erinnere mich an jedes einzelne Gesicht«, sagt sie voller Bitterkeit, als die Erinnerung an ihre Folterer wieder in ihr aufsteigt. »Ich werde sie suchen. Ich bin schon jetzt auf der Suche nach ihnen.«

Sie wurde ausgezogen und geschlagen. Und das Schlagen führte zu erneutem Missbrauch. Unablässig fragte man sie nach Namen und Daten und Orten, an denen sie ihre Kommilitonen von der Syrischen Jugendunion traf. Es war immer mindestens ein Vernehmer da, manchmal waren es mehr. Sie saß auf einem Stuhl, und sie umkreisten sie wie Wölfe.

Ständig drohte man ihr mit Vergewaltigung.

»Sie sagten immer wieder: ›Rede, oder wir ziehen dich aus‹«, sagt sie und reibt sich die Augen, »das war ihr Spruch, so schüchterten sie mich ein.«

Eines Tages, als sie ihnen nicht sagte, was sie hören wollten, brachten sie sie in eine Zelle mit Gefangenen, die alle nur Unterhosen trugen. Die Männer starrten sie lüstern an. Sie war eine von ihnen, aber sie waren Männer und sie waren seit langem eingesperrt.

»Es war entsetzlich«, sagt sie. »Demütigend. Sie sagten, sie würden mich mit diesen gierigen Männern allein lassen, und die würden es mir schon besorgen.« Sie fühlte sich wie ein von Wölfen umzingeltes Kaninchen.

»Ich bin eine konservative Muslimin, und ich glaubte, diese Männer hätten den Auftrag, mich zu vergewaltigen«, sagt sie. »Also fing ich an zu schreien. Ich glaube, ich schrie drei Stunden lang. Bis ich völlig heiser war. Sie wollten mich brechen. Und das taten sie. Am Ende sagte ich: ›Gut, ich sag euch die Wahrheit.‹«

Sie redete. Sie erzählte ihnen Dinge. Aber was sie sagte, war nicht genug. Nach mehreren Stunden brachten sie sie wieder einmal an einen anderen Ort, einen Ort, den Nada nur den »Horrorraum« nennt. Er war nur so groß wie »der Körper eines Menschen«. Sie fesselten ihre Hände an eine Eisenstange hinter ihrem Rücken.

Dann kam ein Mann mit einer Peitsche. »Jedes Mal, wenn ich etwas sagte, was ihm nicht gefiel«, sagt sie weinend, »fing er an, mich mit der Peitsche zu schlagen.«

Ihr blutiger und mit Wunden übersäter Körper wurde dann einem anderen Vernehmer übergeben, dem befohlen wurde: »Jetzt kümmere dich richtig um sie.«

»Und dann hat er richtig geschlagen«, sagt sie düster, »und die schrecklichen Sachen begannen.«

Über vier Jahre lang besuchte ich Flüchtlingslager, Frauenhäuser, kleine und große Städte im Libanon, in Ägypten, in der Türkei, in Jordanien, Syrien, Kurdistan und dem Irak und sprach mit Frauen, die während des Krieges vergewaltigt worden waren. Anfangs tat ich das als Journalistin und Kommentatorin; später arbeitete ich für das Flüchtlingshilfswerk der Vereinten Nationen (UNHCR). Ich schrieb Berichte über syrische Frauen, die infolge des Krieges allein leben mussten und sexuellen Übergriffen ausgesetzt waren.

Es war schwer, diese Frauen aufzuspüren, denn die meisten Opfer wollten nicht mit mir reden. Ich musste mich oft auf Freunde oder Familienmitglieder verlassen, die mir über diese oder jene Frau etwas zuflüsterten, und dann tat ich mein Bestes, um sie zu finden. Ich zwang sie nicht zu reden, und wenn sie mich nicht sehen wollten, bedrängte ich sie nicht. Sie hatten schon genug gelitten.

Als ich 2013 in der Nähe der türkisch-syrischen Grenze arbeitete, erfuhr ich von einem »sicheren« Haus im nördlichen Syrien, bei Aleppo, in dem sich etwa zehn Frauen versteckt hielten. Alle waren mutmaßlich von Schabiha vergewaltigt worden und befanden sich nun in der Obhut von Nonnen. Doch als ich das Haus schließlich ausfindig machte, waren die Frauen schon wieder umgezogen – Sicherheit gab es nicht für sie, deshalb hatten sie in einem anderen Dorf Schutz gesucht.

Wenn ich die Opfer identifiziert hatte und sie einwilligten, mit mir zu reden, musste ich erst lernen, ihre Sprache der Scham zu entziffern. Ich versuchte ihnen zu erklären, dass es mir nicht darum ging, ihre Identität festzustellen oder ihr schreckliches Geheimnis auszuplaudern. Dass sie, wenn sie redeten, dazu beitragen könnten, dass sich die Täter irgendwann vor Gericht verantworten mussten. Das war das einzige Motiv der Frauen – und der Männer –, die schließlich einwilligten, mit mir zu sprechen: Die Männer, die ihnen das angetan hatten, sollten nicht straffrei davonkommen und nach dem Ende des Krieges nicht einfach durch die Straßen spazieren können, als wäre nichts. Einige sagten mir, wenn sie ihre Geschichte weiterhin versteckten, wäre das, als würde »ein Stein mein Herz niederdrücken«, wie es ein junges Mädchen beschrieb.

Viele Jahre zuvor hatte ich in Bosnien und im Kosovo eine ähnliche Aufgabe gehabt. Dort waren die Frauen im Verlauf des Krieges oft wochen- oder sogar monatelang in »Vergewaltigungslagern« gefangen gewesen, aber in ihrer eigenen Sprache benutzten sie nie das Wort »Vergewaltigung«. Wenn sie erzählten, weinten sie und sagten, sie seien »angefasst« worden. Und wenn ihre Männer davon erfuhren, würden diese sich scheiden lassen und mit einer »sauberen« Frau zusammenziehen. Sie verbargen ihr Geheimnis wie eine blutige Wunde und erzählten niemandem davon.

Für jede Frau ist Vergewaltigung ein großes Tabu. Aber für eine muslimische Frau, die als Jungfrau in die Ehe gehen soll, ist es das Ende des Lebens – oder des Lebens, das ihr bestimmt war. Wenn sie vorher unverheiratet war, wird sie wahrscheinlich nie mehr heiraten. Sie wird keine Kinder haben, keine eigene Familie. In anderen Kulturen mag das zu verschmerzen sein; aber im Nahen Osten, wo große Familien für den Lebensunterhalt der Familie eine wichtige Rolle spielen, bedeutet es Isolation und Einsamkeit.

Später berichteten jesidische Frauen aus dem nördlichen Irak, dass sie von IS-Soldaten entführt, in die Sklaverei verkauft, gefangen gehalten, vergewaltigt und dann gezwungen wurden, ihre Peiniger zu heiraten. Die sexuelle Gewalt gegen Frauen in diesem Krieg, der Syrien heimsucht (und auch den Irak, seit der IS die Stadt Mossul eroberte und die Grenzen zwischen Syrien und Irak zu eliminieren begann), ist ein Mittel, die Männer zu bekämpfen: Wenn wir euch nicht kleinkriegen, schänden wir eure Frauen, lautet die Botschaft.

Die meisten Vergewaltigungen, die ich dokumentieren konnte, wurden in Haftanstalten begangen. Einige an Checkpoints. Andere Frauen wurden in ihren Häusern vergewaltigt, wenn die Schabiha in ihre Dörfer kam.

Die Frauen, die gefangen gehalten wurden, berichten, dass Vergewaltigung immer als Drohung eingesetzt wurde, wenn sie nicht »kooperierten«. Eine junge Frau sagte, dass sie mit ihrer Mutter zusammen in einer Zelle saß und gezwungen war zuzusehen, wenn die Soldaten ihre Mutter schlugen.

»Mir war egal, was sie mit mir machten«, sagte sie, »aber meine Mutter leiden zu sehen …« Die Soldaten drohten, ihre Mutter zu vergewaltigen, und sagten der Mutter, dass sie die Tochter vergewaltigen würden.

»Das war das schrecklichste psychologische Druckmittel. Ich glaube nicht, dass Sie sich das vorstellen können …«

Eine andere junge Frau aus Aleppo sagte mir, dass sie gefangen genommen wurde, weil sie revolutionäre Plakate aufgehängt hatte. Man zog sie bis auf die Unterwäsche aus, verband ihr die Augen und fesselte sie an einen Stuhl.

»Dann sagten sie, dass sie mich einer nach dem anderen hernehmen würden.«

Als ich Nada in einem Frauenhaus im Süden der Türkei kennenlernte, war sie schon seit einigen Monaten wieder frei. Doch sie hatte immer noch die Reflexe der Gefangenen, die in einer Ecke kauert und ihr Gesicht und ihren Körper vor imaginären Schlägen schützt. Unvermittelte Bewegungen erschreckten sie; sie verlor sich häufig in ihren Gedanken und schwieg minutenlang oder brach plötzlich in Tränen aus.

Sie war sehr klein und noch dünner als vor ihrer Haft, was es mir schwermachte zu glauben, dass irgendjemand sie mit einem Knüppel oder einer Peitsche schlagen konnte. Sie sah aus, als würde sie bei der geringsten Berührung zerbrechen. Ihr Körper war so groß wie der einer Zwölfjährigen: keine Brüste, keine Hüften, schmale Schultern. Sie trug einen lavendelfarbenen Hidschab und einen engen roten Pulli. Die Wahl dieser bunten Farben unterstrich ihr kindliches Aussehen.

Als ich ihr das erste Mal begegnete, senkte sie den Kopf, als ich sie mit einem Händedruck begrüßte. Sie sah wehrlos und fragil aus. Auch in ihrem Bericht kam das Wort »Vergewaltigung« zunächst nicht vor. Sie erzählte ihre Geschichte in einem hastigen Stakkato. Doch nachdem wir eine Zeitlang ruhig zusammengesessen hatten, entdeckte ich auf ihrem Gesicht eine Unzahl an Gefühlsregungen – Traurigkeit, Schmerz, dann eine heftige Welle der

Erinnerung und schließlich Aversion und Widerwillen. Sie erzählte von dem Tag, an dem sie einen Gefangenen brachten und sie zwangen zuzusehen, während er anal vergewaltigt wurde. Beim Reden wird ihre Stimme tonlos, sie öffnet und schließt mechanisch ihre Hand und krampft sie um den Riemen ihres Rucksacks. Sie beginnt zu weinen, und nach kurzer Zeit wird ein haltloses Schluchzen daraus.

»Die Dinge, die ich gesehen habe ... die Dinge, die ich gesehen habe ...«, stößt sie heraus. »Es ist unerträglich, das zu erklären, was ich gesehen habe ... *Ich kann das nicht vergessen ... Ich habe gesehen ... noch ein Gefangener, den sie vergewaltigt haben ... ein Mann, den sie vergewaltigt haben. Ich habe es gehört ... Ich habe es gesehen ... Wissen Sie, wie es ist, einen Mann weinen zu hören?«*

Abrupt steht sie auf, schlägt die Hand über den Mund und läuft in das Badezimmer in der Nähe. Sie dreht den Wasserhahn auf und erbricht. Eine Freundin, die sie begleitet hat, ist ebenfalls den Tränen nah.

»Ja, Nada wurde vergewaltigt«, sagt sie. »Aber sie kann es nicht eingestehen, nicht einmal sich selbst gegenüber.«

Die Freundin geht zu ihr, um sie zu trösten. Sie kommt zurück. »Sie kann nicht einmal das Wort sagen. Wenn sie davon erzählt, was andere erlitten haben«, sagt die Freundin, »spricht sie eigentlich von sich selbst.«

Man kann nichts zu ihr sagen, kann sie nicht dazu bringen, weitere Einzelheiten zu erzählen. Was Nada geschah, kann nicht ungeschehen gemacht werden. Was sie gesehen und gehört hat, kann nicht vergessen werden. Es kann nicht ausgelöscht werden.

Einige Tage später bot ich Nada und einer ihrer Freundinnen an, sie in meinem Auto nach Antakya zum Unterricht zu fahren. Sie studierten Englisch, und Nada hoffte, dass sie durch den Englischkurs einmal einen Job bekäme und damit vielleicht die Chance eines neuen Lebens. Als ihre Freundin davon erzählte, lächelte Nada flüchtig und sah einen Moment lang wie eine ganz normale junge Frau aus, die ihr Leben beginnt – zuversichtlich, glücklich, unbeschwert.

Dann kam ihr etwas in den Sinn – und plötzlich sahen ihre Augen wieder grau und leblos aus.

»Ich habe mich sehr verändert, als ich im Gefängnis war«, sagt sie still. Dann lächelt sie. »Aber wissen Sie, sogar dort war ich eine Rebellin.«

Zwischen Schlägen und Verhören bot sie ihren Peinigern die Stirn. Sie beschimpfte sie wegen kleiner Dinge, weil sie kleine Rechte von Gefangenen missachteten. Das gab ihr das Gefühl, ein wenig Kontrolle über das zurückzugewinnen, was mit ihr geschah.

»Ich brachte sie dazu, dass sie den anderen Gefangenen Teller gaben!«, sagt sie voller Stolz. »Ich habe ihnen klargemacht, dass wir nicht einfach Hunde sind, die man treten und misshandeln kann, sondern Menschen. Ich habe dafür gesorgt, dass sie die zerbrochenen Fenster mit Plastikplanen abdeckten.« Ein fast triumphierender Ausdruck ist in ihrem Gesicht. »Vorher hatten wir nichts. Dann bekamen wir wenigstens Teller!«

Kleine Siege für eine zerbrochene Seele.

Eines Tages stellte mir eine Freundin in Antakya Shaheeneez vor, eine siebenunddreißigjährige ehemalige Lehrerin. Sie trug trotz der Hitze schwarze Hosen und einen langen schwarzen Mantel mit Gürtel. Sie wollte ein anonymes Treffen. Als sie den Raum betrat, schien ein Schatten neben ihr herzugehen.

Als sie sich gesetzt hatte, erklärte Shaheeneez, dass

sie sehr religiös sei. Während sie redete, betrachtete ich ihr Kopftuch, die silbernen Fingerringe und die Uhr, ihre olivenfarbene, etwas narbige Haut, die gerade Nase und die klare Kinnpartie. Sie sah eher stark als hübsch aus.

Und doch wirkte sie nervös und fahrig; sie zitterte häufig beim Reden. Als ich erfuhr, dass sie erst kürzlich aus einem syrischen Gefängnis entlassen worden war, in dem sie »mehrere Monate« inhaftiert gewesen war, begann ich zu verstehen, warum.

Nach ihren Angaben war sie 2012 auf dem Flughafen verhaftet worden, als sie Aleppo in Richtung Ägypten verlassen wollte, um eine Konferenz zu besuchen. »Ich glaube, mein Name stand auf einer Liste.« Wahrscheinlich war die Verhaftung die Folge ihrer politischen Aktivitäten, aber dessen ist sie sich nicht sicher. Sie wurde in ein staatliches Sicherheitsgefängnis in Damaskus gebracht. Dort verband man ihr die Augen und verhörte sie, oft stundenlang.

»Es verwirrte mich«, sagte sie, als sie zu erklären versuchte, wie es war, mit verbundenen Augen Fragen zu beantworten. »Ich hörte Stimmen, konnte sie aber keinen Gesichtern zuordnen. Es war ein Mittel, um mir noch mehr Angst einzujagen.«

Das Verhör erschöpfte sie, aber sie hatte nicht die Absicht, Namen zu verraten. Es war ihr bewusst, welche Methoden die Männer anwenden würden, um sie zu einem Geständnis zu bewegen. Irgendwann änderten die Vernehmer die Taktik; ihre Stimmen wurden rauer, und sie fingen an, sie zu schlagen. Nach einem der Schläge lag sie am Boden. Sie fesselten ihr die Hände. Sie erinnerte sich an das Gefühl, wie das Seil in ihre Haut schnitt. Einer der Männer war über sie gebeugt. Jemand zog an ihren Kleidern. Sie hörte eine Tür, die geöffnet und geschlossen wurde.

»Und dann … missbrauchten« – sie stolperte über das Wort – »sie mich.«

Sie sagte, sie drückten sie auf den Boden. Sie zogen ihr Kleidungsstücke aus.

»Sie sagten, sie würden schreckliche Dinge mit mir tun, wenn ich nicht kooperieren würde …« Ihre Schultern unter dem dunklen Mantel begannen zu zucken.

»Sie sagten Vergewaltigung … dann lag ich auf dem Boden … dann spürte ich etwas Hartes in mir …«

Sie hält inne. Der Raum war weit weg von dem Ort des Geschehens, doch sie zitterte immer noch und ging zögernd zum Fenster. Sie öffnete es, wendete ihr Gesicht zur Sonne, drehte sich dann wieder zu uns. Das Atmen schien ihr schwerzufallen.

»Sie haben mich vergewaltigt«, sagte sie. Sie sagte es noch einmal. Dann verlor sie das Bewusstsein.

Danach weinte Shaheeneez lange, und ich saß ihr gegenüber. Ich war nicht fähig, irgendetwas zu sagen, was sie trösten konnte. Ich legte ihr die Hand auf die Schulter; sie zuckte zurück. Die Tränen liefen ihr über das Gesicht auf den Mantelkragen.

Sie sagte, sie sei seit einiger Zeit in psychiatrischer Behandlung, aber es helfe ihr nicht. Damals war sie verliebt gewesen. Sie hatte ihre Hochzeit geplant, die Zukunft schien vorgezeichnet zu sein.

Die Ärztin hatte ihr geraten, ihrem Verlobten die Wahrheit zu sagen. Als sie es tat, verließ er sie. »Er sagte, er könne mich nicht heiraten, er müsse eine saubere Frau finden«, berichtete sie. Und sie fügte hinzu, dass sie das Gefühl habe, nicht nur geschändet, sondern völlig vernichtet zu sein.

»Aber ich glaube nicht, dass die Vernehmer mich vergewaltigten. Ich glaube, es war der Mann, der erst den Raum betrat, als ich auf dem Boden lag.« Sie saß schwitzend und zitternd auf dem Bett. »Ich glaube, sie haben nicht länger gebraucht als eine halbe Stunde. Und dann, nachdem sie mich losgebunden hatten und mir die Binde abnahmen, habe ich das Blut an meinen Beinen gesehen.« Sie wusste nicht, ob das »harte« Ding ein Gegenstand war, den sie zur Penetration benutzten, oder ein Penis.

Sie war Jungfrau gewesen.

Shaheeneez ist genauso verletzt wie Nada, aber noch weniger dazu fähig, mit dem Leben danach zurechtzukommen. Keine der beiden Frauen wird je vergessen, was geschah, doch Nada sagt, sie wolle weitermachen, nach vorn sehen. Shaheeneez sagt, sie könne einfach nicht vergessen. Die Vergewaltigung habe ihr Leben zerstört.

»Wenn ich mich noch einmal mit jemandem verlobe«, sagt sie, »werde ich es ihm nie sagen.«

Einige Tage später arbeitete ich in Atma, dem größten Lager für Binnenflüchtlinge in Syrien zu dieser Zeit, in dem 50 000 vertriebene und verzweifelte Menschen eine vorläufige Heimstatt gefunden hatten. Ich suchte nach einer Frau namens Rana, die einer Gruppe anderer syrischer Flüchtlingsfrauen zu helfen versuchte, die vergewaltigt worden waren. In der Sprache dieser Lager gelten sie als »Überlebende«.

Im Vergleich mit anderen Flüchtlingslagern war Atma gut organisiert. Trotzdem waren die Lebensbedingungen höllisch.

Als ich den Lagerarzt fand – einen jungen Mann, der holprig Englisch sprach – und ihm von meinen Untersuchungen berichtete, trat ein gequälter Ausdruck in sein Gesicht. Ich hatte das Wort »Vergewaltigung« nicht benutzt, sondern von »sexueller Gewalt« gesprochen.

»In Syrien leiden die unschuldigen Menschen am meisten«, entgegnete er mir schließlich. »Aber finden Sie bei uns tatsächlich Frauen, die von Fremden angerührt wurden? Für uns Männer ist es das Schlimmste, was sie uns antun können – denn es sind unsere Frauen.«

Wir gingen einen Hang hinunter, zu den Wasserstellen, die als Duschen und Waschplätze fungierten. Nur ein Dutzend Wasserstellen für Hunderte und Aberhunderte von Menschen.

Dann bemerkten wir, dass uns ein kleiner Junge folgte. Er sah aus wie ein ganz normales Kind, etwa im Alter meines eigenen neunjährigen Sohnes. Er trug billige Jeans, und sein Gesicht war unter der Kapuze eines blauen Shirts versteckt.

Etwas später sah ich sein Gesicht: Es war völlig verbrannt. Sein Mund schien nicht mehr als ein Loch zu sein, und eine Nase gab es praktisch nicht. Seine Ohren bestanden aus Hautlappen über rosafarbenen Spalten auf seinem Schädel. Ich fragte ihn nach seinem Namen. Er hieß Abdullah und sagte, er sei elf Jahre alt.

Selbst mit dem Arzt als Führer an meiner Seite fand ich die vergewaltigten Frauen in Atma nicht. Sie waren anderswohin gebracht worden. Aber später sah ich Abdullah wieder. Er stand vor einem Flüchtlingszelt. Es war sein Zuhause. Seine Eltern baten mich herein; sie erzählten mir, wie er im Oktober des vergangenen Jahres in ihrer Heimatstadt Hama schwer verletzt worden war.

Es war ein klarer Tag: gutes Wetter zum Bombardieren. Als die Bomben an diesem Tag kamen, spielte Abdullah auf seinem Computer. Es sei immer schwierig gewesen, die

Kinder zu beschäftigen, wenn sie nicht hinauskonnten, sagt seine Mutter. Als er das Explodieren von Bomben hörte, rannte Abdullah – in seiner Angst – auf einmal nach draußen. Er bekam die volle Wucht der Bombe ab, die in nächster Nähe seines Hauses niederging.

»An diesem Tag der Bombardierung hörte ich das Schlimmste auf der Welt«, sagt der Vater. »Die Schmerzensschreie meines eigenen Sohnes.« Er sieht Abdullah an, der verwirrt zurückstarrt. Dann sagt er etwas, was schon Nada und Shaheeneez geäußert haben – das Mantra, mit dem ihre Aufseher und Vernehmer im Gefängnis sie quälten. Es ist der Schlachtruf der Aktivisten, der ersten Demonstranten in Daraa, der nach und nach alle syrischen Städte, Provinzen und Dörfer erfasste: »Wir wollen Freiheit.«

Abdullahs Vater wendet sich dem verbrannten Gesicht seines Sohnes zu. Er fragt: »Aber ist das Freiheit?«

3 Maalula und Damaskus

Juni bis November 2012

Ich war in Maalula und beobachtete gerade das feierliche Morgengebet einer Gruppe von Nonnen – ein stiller und nachdenklicher Moment –, als ich von den Autobomben in Damaskus erfuhr. Maalula ist ein altes Bergstädtchen an einem Felshang, bekannt für seine spirituelle Heilkraft und seine stärkende Luft. Es war ein Ort, zu dem ich mich hingezogen fühlte: eine Oase der Toleranz. Die Bewohner waren hauptsächlich Christen – es ist einer der letzten Orte, an dem Aramäisch gesprochen wird, die Sprache von Jesus Christus –, und am Anfang des syrischen Bürgerkriegs gelobten sie, sich nicht an den Fraktionskämpfen zu beteiligen, um nicht über kurz oder lang im Chaos zu versinken.

Ihre Entschlossenheit war angesichts der Lage ihrer Stadt sehr bemerkenswert. Sie liegt an der Hauptverbindungsstraße in der Mitte zwischen Homs und Damaskus. Eine trotzige Stadt, deren Entschlossenheit zurückgeht auf eine schreckliche Begebenheit.

Während der Syrischen Revolution von 1925, als aufständische Drusen, Christen und Muslime versuchten, sich vom kolonialen Joch Frankreichs zu befreien, wurde Maalula belagert. Der Aufstand und der Angriff auf die Stadt hinterließen einen tiefen Schock und wirkte noch lange nach. Viele ältere Bewohner Maalulas hörten ihr ganzes Leben lang Geschichten von Frauen und Kindern, die sich auf der Flucht vor Gräueltaten in Berghöhlen in der Nähe der Stadt versteckten.

Die Christen sind hauptsächlich griechisch-orthodoxer und antiochenisch-orthodoxer Konfession; die Muslime sind Sunniten. Aber die meisten Einwohner definierten sich nicht nach ihrer Religion, sondern sagten einfach: »Ich bin aus Maalula.«

An diesem Morgen war ich in aller Frühe mit meiner Freundin Maryam, einer in Damaskus aufgewachsenen Sunnitin, aus der Hauptstadt in das etwa eine Stunde entfernte Maalula gefahren. Nach der Ankunft verließen wir unser Auto und wanderten durch die Straßen. In den schattigen Höfen, in denen Pappeln und Olivenbäume wuchsen, war die Stimmung ruhig und friedlich, und nach dem lärmenden Chaos von Damaskus spürte ich, dass mich diese Atmosphäre besänftigte. Maryam erzählte, dass sie als kleines Mädchen gern zusah, wie die Nonnen still und bescheiden ihrer täglichen Arbeit nachgingen, wie sie Aprikosen einkochten oder die silbernen Leuchter in ihrer Kirche polierten.

Maryam hat einen Freund in der Stadt, den sunnitischen Imam Mahmoud Diab. Zögernd klopfte sie an seine Tür und fragte, ob wir auf einen Tee hereinkommen und mit ihm reden dürften. Er kam selbst an die Tür, bat uns, Kopftücher anzulegen, und führte uns zu ein paar Stühlen unter den blühenden Bäumen. Sogar in seinem Hof hing noch ein verblichenes Assad-Plakat. »Unterstützen Sie ihn weiterhin?«, fragte ich.

Diab reagierte überrascht. »Selbstverständlich«, antwortete er. Wir saßen eine Zeitlang schweigend da und warteten auf unseren Tee. Er wies uns auf die verschiedenen Stimmen der Vögel hin. Ich fragte ihn, warum in Maalula bis jetzt Frieden herrsche.

»Am Anfang dieses Krieges traf ich mich mit den wichtigsten religiösen Führern der Gemeinde: dem Bischof und der Äbtissin des Hauptklosters«, sagte Diab. »Wir waren uns einig, dass wir den Krieg nicht mitmachen, selbst wenn die Berge ringsum unter Beschuss kämen und in die Luft fliegen würden.«

Diab war nicht in Maalula geboren und aufgewachsen, aber er war hier ausgebildet worden und hatte hier geheiratet. Er war zu jener Zeit auch Abgeordneter im syrischen Parlament gewesen. Dass er Sunnit sei, bedeute nicht, dass er sich die Zerstörung seiner Stadt wünsche, sagte er. »Es ist ein Krieg der Konfessionen; politisch heißt das vielleicht anders«, fuhr er achselzuckend fort, »aber Tatsache ist, dass es hier in Maalula keinen Krieg gibt. Hier kennen wir uns alle.«

Seit die heilige Thekla – Tochter eines heidnischen Fürsten und Schülerin, möglicherweise sogar Ehefrau des heiligen Paulus – im 1. Jahrhundert n. Chr. in diesen Bergen Zuflucht gefunden hatte, hat Toleranz in Maalula Tradition. Thekla war vor den Soldaten geflohen, die sich auf Weisung ihres Vaters an ihre Fersen hefteten und sie für ihre religiösen Überzeugungen töten wollten. Der Legende nach – die alten Leute erzählen sie heute noch gern – blockierten scharfe Felsen Theklas Weg, worauf die erschöpfte Fliehende auf die Knie fiel und ein verzweifeltes Gebet zum Himmel schickte. Daraufhin teilten sich die Felsen und ließen sie durch. Maalula bedeutet in Aramäisch »Eingang«.

»Hier in diesen Bergen gibt es die unterschiedlichsten Menschen und Religionen. Aber wir haben einhellig beschlossen, dass Maalula nicht zerstört wird«, sagte Diab.

An dem uralten Schrein der heiligen Thekla leben christliche Nonnen, treue Anhängerinnen des Assad-Regimes, ein stilles, isoliertes Leben, das sie Gott und ihrem Land weihen. Sie schlafen in kleinen, reinlichen Kammern und verbringen ihre Tage mit Arbeit und Gebet und der Fürsorge für die Kranken. Auch ein Waisenhaus steht unter ihrer Leitung.

In ihrem Kloster war es still; man hörte nur die schrillen Schreie der Vögel und das Geräusch der leisen Schritte auf den Marmorböden. Es gab große Gläser mit goldfarbenen Früchten, die die Nonnen einkochten und verkauften. Sie trockneten die Aprikosen im Hof, und der Duft der heißen Früchte war intensiv wie der Weihrauch, der aus der Kirche drang.

Das Kloster gehört zu den 40 heiligen Stätten und Pilgerorten in Maalula, die vor dem Krieg von Muslimen und Christen besucht wurden. Wer hier betete, erhoffte sich Heilung bei Unfruchtbarkeit und anderen Übeln; man trank Wasser aus dem Spalt, der sich, wie es heißt, durch die Gebete der heiligen Thekla in dem felsigen Berg geöffnet hatte.

Religion sei kein Problem, sagte Mutter Sayaf, die der griechisch-katholischen Kirche angehört und seit 30 Jahren in diesem Kloster lebt. Sie sprach mit mir in einem stillen, dunklen Raum, in dem man vor dem grellen Sonnenlicht draußen geschützt war. Eine der jüngeren Nonnen brachte uns Gläser mit Eiswasser auf einem Lacktablett. Die Luft hier sei so rein, dass Ärzte ihre Patienten zur Genesung nach Maalula schickten, sagte meine Gesprächspartnerin.

»Wir hatten einen irakischen Muslim, der schwer verwundet war und herkam, um gesund zu werden«, fuhr sie fort und bewies mir damit, dass man in diesem Kloster jeden behandelte, egal, welcher Religion er angehörte. Gleichzeitig machte sie kein Geheimnis aus ihrer Ergebenheit für Assad. Zwei Jahre später, als die Dschihadisten nach Maalula kamen, sollte diese Ergebenheit auf die Probe gestellt werden.

Noch mehrmals kehrte ich nach Maalula zurück, besuchte das Kloster und die Nonnen. Als ich das letzte Mal dort war, im November 2012, war die Flucht aus den umkämpften Städten Homs, Damaskus und Aleppo schon in vollem Gang. Die Menschen versuchten, im Ausland oder in den noch friedlichen Teilen Syriens Zuflucht zu finden, und viele wollten auch nach Maalula, weil es als eine Art sicherer Hafen galt.

»Es ist mein Land«, sagte Antonella, eine syrischstämmige Amerikanerin, die drei Jahre zuvor ihr Leben in Los Angeles und Miami aufgegeben hatte, um an ihren Geburtsort zurückzukehren und dort ein Café zu eröffnen. Nun saß sie in ihrem Café – es gab keinen Strom – und wies auf eine Landkarte. Sie rief mir ins Gedächtnis, dass Maalula zum UNESCO-Weltkulturerbe gehört – ihrer Meinung nach eine Garantie dafür, nicht zerstört zu werden.

Antonella hatte die Möglichkeit, die Stadt zu verlassen, als die Kämpfe näherrückten, aber sie weigerte sich. »Ich will hier sein«, sagte sie. Doch ihr Geschäft litt; sie hatte nicht genug Geld, und ihre alte Mutter brauchte Unterstützung.

Es sei früher ganz anders gewesen in Maalula, erinnerte sie sich. »In der ersten Zeit nach meiner Rückkehr kamen am Tag 50 Reisebusse.« An dem Tag, an dem ich sie traf, gab es außer mir niemanden, der etwas bestellte. Damals war ihr Café voller Gäste gewesen, heute wusste sie nicht, wie sie durch den nächsten Winter kommen würde.

Im Jahr davor, als die Kämpfe Jabrud erreichten, einen strategisch wichtigen Ort in der Nähe der libanesischen Grenze auf der anderen Seite der Berge, wurde Antonella endlich klar, dass ihr Land sich im Krieg befand und dass Menschen starben. »Das bedrückte mich«, sagt sie. »Und auch wenn es in Maalula im Moment noch ruhig ist, weiß in Wahrheit niemand, wohin das alles noch führt.«

Dennoch unterstützte sie stoisch weiterhin Assad. »Die Rebellen haben unser Land zerstört«, sagte sie. Es gab für sie keine Alternative.

Ihr Bruder Adnan, ebenfalls ein Rückkehrer aus Amerika, setzte sich neben uns und begann, über die wirtschaftliche Lage zu reden. Wegen der Sanktionen und weil es keinen Transitverkehr mehr gab – infolge der Kämpfe in bestimmten Regionen kamen Lastwagen nicht weiter –, schnellten die Lebensmittelpreise in unerreichte Höhen. Ausländische Touristen blieben aus. Die Leute kauften nur noch das Notwendige. Kleine Geschäfte wie Antonellas Café gingen unter.

»Das ist der Anfang des Dritten Weltkriegs«, prophezeite Adnan. »Er beginnt in Syrien, aber er wird die ganze Region in den Abgrund reißen. Dies ist ein Stellvertreterkrieg.«

Ich spazierte den Hang hinauf, um mich von Diab, dem Imam, zu verabschieden. Ich wollte ihm noch eine weitere Frage stellen. Kann eine wegen ihrer Toleranz berühmte Stadt der Zentrifugalkraft eines brutalen religiösen Bürgerkriegs widerstehen?

»Jeder ist ein Christ, und jeder ist Muslim«, lautete seine diplomatisch-indirekte Antwort. Er weigerte sich auch, die Gruppe der Muslime konfessionell aufzugliedern. »Es spielt keine Rolle«, sagte er standhaft. »Die Situation hier wird sich nicht verschlimmern. Ganz im Gegenteil. Die Menschen werden sich weiterhin gegenseitig unterstützen.«

»Wenn wir Salafisten werden«, sagte er, indem er sich auf jene fundamentalistische Strömung des Islam bezog, die im Arabischen Frühling an Bedeutung gewann, »verlieren wir diese ganze ethnische und religiöse Vielfalt, und das wäre tragisch. Jeder muss sein wie sie. Es gibt keinen Platz mehr für irgendjemand anderen.«

Am 4. September 2013 ließ ein jordanischer Selbstmordattentäter an einem Kontrollpunkt der syrischen Armee am Eingang der Stadt einen Lkw in die Luft fliegen. Daraufhin griffen Rebellen den Checkpoint an – die Explosion war vermutlich ein Signal gewesen –, töteten acht Soldaten und eroberten mehrere Areale der Altstadt von Maalula. Die syrische Armee begann zwei Tage später einen Gegenangriff, gewann die Kontrolle über die Stadt zurück und setzte in der gesamten Umgebung den Kampf gegen Dschihadisten fort. Nachdem die Rebellen Verstärkung erhalten hatten, eroberten sie erneut die Stadt. Dabei brannten sie angeblich einige Kirchen nieder und schikanierten die christlichen Einwohner. Laut einigen Quellen floh daraufhin fast die gesamte Bevölkerung der Stadt, nur etwa 50 Bewohner blieben in ihren Häusern zurück. Am 15. September schlug die Armee die Rebellen zurück und sicherte die Stadt, woraufhin viele Menschen zurückkehrten, doch lebten sie nun in ständiger Angst vor weiteren Angriffen.

Ende November 2013 waren es wieder oppositionelle Kräfte, die Maalula stürmten. Diesmal entführten sie zwölf Nonnen aus dem Kloster mit der Absicht, sie gegen Kriegsgefangene auszutauschen. Am 14. April 2014 unterlagen die

Rebellen der syrischen Armee, die mit Hilfe der Hisbollah erneut die Kontrolle über die Stadt gewann.

Der zweiundsechzigjährige Adnan Nasrallah erzählte über diese Ereignisse: »Ich sah Männer mit Al-Nusra-Stirnbändern, die auf Kreuze schossen.« Einer von ihnen »setzte meinem Nachbarn eine Pistole an den Kopf und zwang ihn, zum Islam zu konvertieren. Er musste immer wieder sagen: ›Es gibt keinen Gott außer Allah.‹« Danach machten sie Witze über ihn: ›Jetzt gehört er zu uns.‹«

Ende Februar 2015 beteten Christen in Maalula für ihre christlichen Brüder und Schwestern: Hunderte von ihnen waren vom IS entführt und ermordet worden.

An jenem Nachmittag des Jahres 2012, lange bevor die Salafisten kamen, sahen wir die ersten Zeichen des näherrückenden Krieges auf der Straße von Maalula nach Damaskus. Als wir Damaskus schon vor uns sahen, stieg eine gekräuselte Rauchwolke in den Himmel. Eine Autobombe. Die Sonne brannte erbarmungslos auf unser Auto nieder, und ich dachte wehmütig an das kühle Kloster zurück, das in mir ein Gefühl von stiller Geborgenheit ausgelöst hatte. Kilometerlang staute sich der Verkehr vor den Straßensperren. Wir ließen das Auto stehen und gingen zu Fuß zum Ort der Detonation.

Es stank nach verbranntem Gummi. Überall die Gerippe von ausgebrannten Autos. Glücklicherweise war niemand verletzt worden. Die Explosion war durch sogenannte Haftbomben verursacht worden – selbstgebastelte Bomben, die mit Klebeband an der Unterseite eines Autos befestigt worden waren. Das Auto war mitten im Berufsverkehr direkt gegenüber dem Justizgebäude abgestellt worden.

»Wieder mal richtige Dilettanten«, sagte mir später ein UN-Mitarbeiter. »Diese Leute wussten nicht, was sie taten.

Es dient eigentlich nur dazu, Leuten Angst einzujagen – damit sie die Opposition hassen.«

Eine Zeitlang funktionierte es. Man machte die Opposition und »ausländische Eindringlinge« für die Explosionen verantwortlich. Menschen versammelten sich und erregten sich darüber, dass die Stadt immer mehr den im ganzen Land um sich greifenden Zerstörungen zum Opfer fiel.

»Unser einziger Freund ist Russland!«, rief ein gutangezogener Mann in der Nähe des explodierten Autos. Sein Gesicht war wutverzerrt. »Es sind die Ausländer, die unser Land in die Luft sprengen! Syrien gehört den Syrern!«

Der Glaube war weitverbreitet, dass die Bomben und das ihnen folgende Chaos im ganzen Land hauptsächlich das Werk einer Fünften Kolonne seien. Besonders in Damaskus, das lange eine Hochburg Assads gewesen war, sprachen die Leute davon. Man weigerte sich zu glauben, dass die Opposition imstande war, das Land zu regieren, ohne es in ein salafistisches Königreich oder ein islamistisches Kalifat zu verwandeln, in dem es Frauen nicht erlaubt wäre, das Haus zu verlassen, und Christen ins Gefängnis geworfen und als Sklaven verkauft würden.

Und das fast ein Jahr, bevor wir vom IS, dem sogenannten Islamischen Staat, auch nur hörten.

Eine Menschenmenge sammelte sich um uns. Die Menschen waren unruhig und erregt von der Hitze, von der ungewissen Zukunft, von der Gewalt, die wieder einmal Angst und Schrecken verbreitete. Unser Fahrer wollte nicht bei uns bleiben.

Nach unserer Rückkehr ins Hotel beobachtete ich das Ende der Poolparty im schwindenden Licht des Tages, und in der weichen Dämmerung konnte ich immer noch die beißenden grauen Rauchwolken am Himmel sehen – ein Zeichen, das vor kommenden finsteren Zeiten warnte.

»Sehen Sie sich an, was in Tunesien passiert ist, oder in Libyen, sehen Sie sich an, was in Ägypten passiert ist«, sagte Ahmed, ein Siebzehnjähriger aus wohlhabender Familie in rosafarbenem Lacoste-Shirt, verwaschenen Jeans und Nike-Turnschuhen. Er sprach aufgeregt und leidenschaftlich. Er wollte mit jemandem reden, der aus dem Ausland kam. Das war nicht oft möglich. »Hören Sie mir zu! Jeder denkt, wir sind die Bösen, Assad ist ein Monster. Aber es gibt auch die Kehrseite der Medaille.«

Ahmed fuhr mich von einem Abendessen in Damaskus nach Hause; seine Mutter hatte ihn darum gebeten. »Er hat sehr feste politische Ansichten«, hatte sie gesagt. »Er spricht das aus, was wir alle denken.«

Er stammte aus einer reichen Familie und besuchte eine gute Schule in Damaskus, wo er mit seiner Familie in einer komfortablen Villa lebte. Bald würde er seine gewohnte Umgebung verlassen, um zuerst seinen Militärdienst zu leisten und dann an einer amerikanischen Universität zu studieren.

Bei dem Essen an diesem Abend hatten Ahmeds Mutter, seine Großmutter, seine Tanten und Cousinen mit mir am Tisch gesessen; sie alle waren sehr kultiviert, sprachen mehrere Sprachen und besaßen Pässe mehrerer Länder. Unter den Angehörigen der Elite in Damaskus ist das nichts Ungewöhnliches. Man hat zwei Staatsangehörigkeiten, besitzt einen zweiten Pass und damit die Möglichkeit, jederzeit das Land zu verlassen. Als ich bemerkte, dass dies der Grund sein könnte, warum sie Assad unterstützten – wenn alles schiefging, würden sie immer einen Zufluchtsort haben –, sah mich Ahmeds Mutter grollend an. »Wir haben eine jahrelange französische Besatzung hinter uns, und die jahrelange Herrschaft der Baathisten«, sagte sie. »Jetzt wollen wir nicht jahrelang unter den Islamisten leben.«

Nach dem Essen saßen wir zwischen Töpfen mit blühendem Jasmin auf der Terrasse und rauchten Shisha mit aromatisiertem Tabak. Ahmed saß auf einem Korbstuhl. »Ich stehe hundertprozentig hinter der Regierung«, sagte er. »Nicht weil ich glaube, dass alles richtig ist, was Assad tut, sondern weil jetzt nicht die richtige Zeit für eine Veränderung ist und die Veränderung uns vom Westen nicht aufgedrängt werden sollte.«

Er fügte hinzu: »Syrien ist geopolitisch wichtig. Alle möglichen Leute interessieren sich für das Land. Und warum sollten wir uns ausgerechnet von Saudi-Arabien, das die Opposition bewaffnet, die Demokratie vorschreiben lassen? In Saudi-Arabien durften Frauen bis vor kurzem nicht einmal Auto fahren.«

Wir trennten uns erst nach Mitternacht. Es gab keine Ausgangssperre. Überall sah man Leute, die nach dem Essen im Restaurant oder nach Familienbesuchen nach Hause strebten. Auf dem Weg zu Ahmeds Auto kamen wir an einer in Scheinwerferlicht getauchten Straßenecke vorbei: Dort wurde ein Werbefilm gedreht, mitten in einem Land, in dem gerade der Bürgerkrieg ausgebrochen war.

»Das Leben geht weiter«, sagte Ahmed.

Eine dichtgedrängte Menge sah den Dreharbeiten zu, und ein paar Schauspieler warteten auf ihren Auftritt. Ich sah eine Schauspielerin namens Dima, der ich am Vortag schon einmal im Hotel begegnet war: Sie hatte Gucci und High Heels getragen und auf das Fotoshooting einer Zeitschrift gewartet. Ich war mit ihr ins Gespräch gekommen, und sie hatte mir erzählt, dass ihre Schuhe von Christian Louboutin seien, eine Marke, für die Asma al-Assad, die Ehefrau des Präsidenten, ein Faible habe.

In einem Interview mit Asma, das Joan Juliet Buck für die amerikanische *Vogue* geführt hatte, lobte die Journalistin die Schönheit und die Menschenliebe der Präsidentengattin. Unklugerweise war der mit »Eine Rose in der Wüste« betitelte Text im März 2011 in einer besonders zugkräftigen Nummer der Zeitschrift erschienen, just zum Zeitpunkt der Anfänge des Arabischen Frühlings im Nahen Osten. Er verursachte einen Sturm der Entrüstung und wurde im Mai 2011 von der Website der Zeitschrift genommen, als klar wurde, wie viele Menschen die Regierung zu töten bereit war, um an der Macht zu bleiben.

Buck sagte später, sie sei unter Druck gesetzt worden, beim Interview nicht über Politik zu sprechen. Indirekt sei ihr mitgeteilt worden, dass sie neben ihrer glühenden Würdigung von Asmas Schönheit nicht erwähnen dürfe, dass das Regime ihres Schwiegervaters binnen drei Wochen Tausende von Menschen ermordet hatte, um die muslimischen Extremisten auszulöschen (beim Massaker von Hama, 1982). Oder anklingen ließ, dass Asmas Ehemann dabei war, im Grunde dasselbe zu tun.

Wie Asma wollte auch Dima in der *Vogue* erscheinen. Sie saß am Fenster und wurde geschminkt, als ich sie zum ersten Mal sah. Wie Asma sah sie blendend aus: verführerische Augen, robuster Knochenbau. Sie lächelte mir zu. Sie sprach gut Englisch und wollte, dass ich ihr Neuigkeiten aus der Welt erzählte.

»Nur nicht vom Krieg«, sagte sie. »Reden Sie bitte nicht vom Krieg. Reden Sie von der Welt. Was passiert da draußen? Ich will nach New York reisen, nach Kalifornien …«

Sie wollte etwas erfahren über Kanye West und Kim Kardashian; über Filme in Kinos, die nicht in Gefahr waren, beschossen zu werden; über Musik und Magazine und Kleider.

In dieser Nacht, als ich mit Ahmed an dem Drehort an der Straßenecke vorbeiging, erkannte mich Dima und kam zu mir. »Wollen Sie herkommen und zuschauen?«, fragte sie. »Wir haben gerade angefangen zu drehen.«

Hinter ihr zeichneten sich zwei vierschrötige Männer in Lederjacken ab. Einer von ihnen winkte sie zurück, und sie gehorchte mit gesenktem Kopf. Sie sah ernst aus, als sie miteinander redeten. Dann kam sie zu uns zurück. Sie wirkte nicht mehr freundlich.

»Vielleicht gehen Sie besser«, sagte sie. »Es ist schon spät. Ich rufe Sie morgen an. Wir können einen Kaffee trinken oder so was.«

»Wer sind diese Männer? Ihre Leibwächter?«

Sie sah hinter sich, um sicher zu sein, dass sie nicht lauschten, dann beugte sie sich zu meinem Ohr und flüsterte wie ein kleines Mädchen, das seiner Freundin ein Geheimnis verrät: »Es sind Schabiha-Leute«, sagte sie. »Gehen Sie jetzt einfach nach Hause.«

Damaskus hat zwei Gesichter.

Es gibt die Aktivisten der Opposition, die Tag und Nacht an ihren Computern arbeiten und manchmal auch in den Straßen, um Assad zu Fall zu bringen. Das sind diejenigen, mit denen ich mich heimlich treffe, diejenigen, die eines Tages aus ihren Büros verschwinden wie Masen Darwisch, ein Anwalt, der sich für Meinungsfreiheit engagierte und zu diesem Zweck eine Gruppe gründete, oder Rasan Zeitouneh, eine Rechtsanwältin und Menschenrechtsaktivistin. Das sind diejenigen, die für ihre Haltung das Risiko einer

Inhaftierung von bis zu 45 Tagen auf sich nehmen (genauso lange konnte man nach den Gesetzen der alten französischen Mandatsverwaltung ohne Anklage in Gewahrsam genommen werden), und diejenigen, die einfach keine Angst zu haben scheinen. Selbst friedliche Teilnehmer von Kundgebungen wurden allein deshalb, weil sie demonstriert hatten, ins Gefängnis geworfen, und ihre Familien erfuhren wochenlang nicht, wo sie waren.

2015, nach vier Jahren des blutigen Konflikts, war es schwierig geworden, die Zahl der Vermissten und Inhaftierten in Syrien zu berechnen. Bassam al-Ahmad vom Violations Documentation Center, einer Nichtregierungsorganisation, die Menschenrechtsverletzungen in Syrien dokumentiert, sagte mir: »Anhand der namentlich dokumentierten Fälle schätzen wir, dass 36000 Menschen vom Regime gefangen gehalten werden, und ungefähr 1200 vom IS. Aber die Dunkelziffer ist mit Sicherheit größer.« Die Syrische Organisation für Menschenrechte geht von höheren Zahlen aus.

Der Präsident der International Federation of Human Rights, Karim Lahidji, berichtete mir, dass die Haftbedingungen besonders für politische Gefangene schrecklich seien: »In den Gefängnissen des Regimes sind Folter und Missbrauch die Regel. Die überwältigende Mehrheit der Eingesperrten werden willkürlich festgehalten.«

»Ich habe schon in vielen Ländern gearbeitet, in denen Folter ein erhebliches Problem ist, aber offen gestanden kann ich mich kaum an einen Ort erinnern, an dem Folter so verbreitet war und so systematisch angewandt wurde«, sagte Ole Solvang von Human Rights Watch. »Die syrische Regierung unterhält einen virtuellen Archipel von über das ganze Land verstreuten Folterzentren.«

Das andere Gesicht Syriens war weit entfernt von dem Folter-Archipel. Es zeigte sich in Damaskus. Hier wurde gefeiert: Menschen tranken Champagner im eleganten Restaurant Narenj, oder sie heirateten in engen Glitzerkleidern mit tiefausgeschnittenen Rückendekolletés, oder sie veranstalteten aufwendige Partys im Restaurant Le Jardin mit drusischen Musikanten, oder sie drehten coole Werbespots mit Schauspielern, die gerade nicht im Gefängnis saßen.

»Ich sehe es so: *Wir wollen nicht, dass sich unsere Welt ändert*. Ich jogge und schwimme immer noch jeden Tag«, sagte Rida, ein betuchter vierundsechzigjähriger Geschäftsmann eines Nachmittags beim Lunch. »Dies ist *kein* Krieg. Unser Regime ist stark. 70 Prozent unterstützen letzten Endes Assad.«

»Sie wollen nicht, dass Ihre Welt sich ändert, aber für einige Menschen hat sie sich geändert, ohne dass sie gefragt wurden«, erwiderte ich. »Sie werden bombardiert oder gefoltert, oder es wird auf sie geschossen.«

»Das sind Behauptungen der Presse«, gab er zurück.

Seine Frau Maria, die ein Kopftuch trug und fast jede Woche in die Oper ging, stimmte ihm zu. »Die FSA [Freie Syrische Armee] kommt und sagt den Leuten, sie sollen ihre Läden schließen und gegen die Regierung protestieren, und wenn sie es nicht tun, fackeln sie die Läden ab«, sagte sie. »Deshalb unterstütze ich die Regierung.«

»Haben Sie Angst?«, fragte ich. »Davor, dass Ihre Welt sich ändern wird?«

»Nicht im Geringsten«, sagte Rida. »Letzte Woche hatten wir eine Party mit 20 Freunden auf unserer Terrasse. Wir waren alle ganz entspannt, rauchten Shisha. Wir hörten Gewehrschüsse im Hintergrund – aber es war so weit weg!«

Während meines Aufenthalts in Syrien ging ich zweimal in die Oper, die die zweitgrößte im Nahen Osten sein soll. Einmal ging ich zusammen mit Maria und Rida. Das zweite Mal war ich mit der Direktorin verabredet. Sie wollte nicht, dass ich ihren Namen erwähne.

»Ich will nicht den Eindruck erwecken, wir lebten hier wie auf der *Titanic* – das Orchester spielt, während das Schiff sinkt«, sagte sie. Wir saßen in ihrem Büro, und sie zeigte an die Decke und legte dann den Finger an die Lippen, was bedeutete, dass der Raum wahrscheinlich verwanzt war – obwohl ich keine Ahnung habe, was Musik mit Staatssicherheit zu tun hat.

Ich erzählte ihr von dem Cellisten, der während der Belagerung von Sarajevo von 1992 bis 1995 in den Ruinen der Nationalbibliothek immer wieder Albinonis *Adagio* gespielt hatte. Und ihr fielen die russischen Musiker ein, die während der Belagerung von Leningrad Schostakowitschs 7. Sinfonie gespielt hatten, die von allen sowjetischen Rundfunksendern übertragen über Lautsprecher in der ganzen Stadt verbreitet worden war – sehr zum Ärger der deutschen Angreifer.

»In Zeiten wie diesen nähren Musik und Kunst die Seele«, sagte sie. »Sie geben den Menschen Hoffnung.« Um Konzerte besuchen zu können, musste man nachts Checkpoints passieren; die Straßen waren nicht sicher.

Sie sagte, dass sie anders als Rida und Maria Angst habe. »Die Leute gehen weg, viele packen ihre Sachen und fahren nach Europa oder in den Libanon.« Sie fröstelte in der Sommerhitze. »Das ist mein Land! Wie kann ich von hier fortgehen?«

Einige Zeit nach unserem Treffen hörte ich, dass auch sie geflohen war. Sie hatte ihren renommierten Posten und das zweitbeste Opernhaus des Nahen Ostens hinter sich gelassen und war nach Paris gegangen.

Aber eines Morgens, als sie noch in Syrien war, lud sie mich zu einer Probe des Kinderorchesters ein. Geleitet wurde es von einem britischen Gastdirigenten. Die Direktorin war stolz, dass er »in diesen Zeiten« gekommen war.

Einige Musiker waren sehr jung – ich schätzte sie auf acht, neun Jahre –, und ihre Hände schienen fast zu klein zu sein, um die Instrumente zu halten. Andere sahen aus wie Teenager überall auf der Welt, mit brasilianischen Stoffarmbändern, weiten Jeans und langen, wehenden Haaren. Sie probten ein eindringliches Lied der Unschuld, den »Abendsegen« aus Humperdincks Märchenoper *Hänsel und Gretel*:

Abends, will ich schlafen gehn,
vierzehn Engel um mich stehn:
zwei zu meinen Häupten,
zwei zu meinen Füßen,
zwei zu meiner Rechten,
zwei zu meiner Linken,
zweie, die mich decken,
zweie, die mich wecken,
zweie, die mich weisen
zu Himmels Paradeisen!

Lange Zeit saß ich im Parkett und betrachtete die jugendlich-frischen Gesichter hinter den Notenblättern, die so behutsam und aufmerksam mit ihren Instrumenten umgingen, dass man unwillkürlich an die erste Liebe dachte. Ich fragte mich, wie dieser Saal wohl in einem Jahr aussehen würde. Wie viele dieser Jungen würden zum Militär einberufen werden? Wie viele würden aus dem Land fliehen? Ich versuchte, die Frage zu unterdrücken, wie viele von ihnen noch am Leben wären.

Der Dirigent hob seinen Taktstock, und sie begannen wieder zu spielen. Und während ich ihnen weiter zuhörte, ergriff mich Wehmut, und ich dachte an das Lied, das ich meinem Sohn vorgesungen hatte, als er ein Baby war und in der Wiege lag. Es war ein Lied, in dem es um Schutz und Sicherheit und Liebe geht. Ich spürte schon, dass es für Syrien keinen Schutz und keine Sicherheit mehr gab, die Engel waren fortgeflogen, und womöglich hatte Gott selbst die Menschen im Stich gelassen.

Maria Saadeh (der Name bedeutet auf Deutsch »Glück«) lebt in Star Square, dem einstigen französischen Viertel in Damaskus, in einem 1920 gebauten Haus, bei dessen Renovierung sie selbst mitgeholfen hatte. Sie hatte in Syrien und Frankreich Architektur studiert und sich auf Renovierungen spezialisiert. Vor kurzem war sie, obwohl sie keinerlei einschlägige Erfahrungen besaß, zur einzigen weiblichen Vertreterin der unabhängigen Christen ins Parlament gewählt worden.

Die Christen sind beunruhigt. Während meines Aufenthalts in Syrien besuchte ich ihre Kirchen der östlichen oder orthodoxen Traditionen und sah, wie die Gläubigen niederknieten und beteten. Ich roch den intensiven Duft von Bienenwachs und sah die Angst in ihren Gesichtern. Es erinnerte mich daran, wie ich in Mossul den Gottesdienst besucht hatte (die Stadt, die am 10. Juni 2014 vom IS erobert wurde; die christliche Bevölkerung wurde verjagt), damals, 2003, vor der amerikanischen Invasion. Es hatte Angst geherrscht, gemischt mit Gottvertrauen. Ich hatte zitternde

Hände gesehen, die sich um Rosenkränze krampften, hatte Gebete um Schutz und Frieden gehört. In Damaskus kamen einige der Gläubigen nach der Messe zu mir und fragten mich, was wohl mit ihnen passieren würde. *Werden wir vernichtet werden? Denken die Christen in der Welt an uns? Wohin können wir uns wenden? Wird Amerika uns retten?*

Die christliche Minderheit fürchtete, dass sie unter einer neuen, womöglich fundamentalistisch-muslimischen Regierung im Zuge einer großen Säuberungsaktion aus Syrien vertrieben würde, so wie die Armenier 1915 aus der Türkei vertrieben und abgeschlachtet wurden. »Alawiten in den Sarg, Christen nach Beirut« ist ein Slogan der radikaleren Mitglieder der Opposition.

Doch Marias Zuversicht war vorerst nicht erschüttert. Sie würde nicht nach Beirut fliehen. Sie saß auf der Dachterrasse ihrer teuren Wohnung, ihre zwei kleinen Kinder, Perla und Roland, spähten durchs Fenster, und eine philippinische Bedienstete servierte Tee. Es hätte ein ganz gewöhnlicher Tag in Friedenszeiten sein können – nur dass kurz zuvor eine weitere Autobombe explodiert war.

Maria war hochgewachsen, blond, sie sprach mehrere Sprachen. Ihr Mann war Bauunternehmer. Sie selbst hatte vom Regime profitiert, obwohl sie sich immer bewusst gewesen war, Angehörige einer Minderheit zu sein, und obwohl ihre alawitischen Kommilitonen bessere Berufschancen gehabt hatten, auch wenn ihre Noten schlechter gewesen waren als die von Maria. Sie war für die Regierung, aber sie wünschte sich auch Veränderung. Nur nicht sofort, sagte sie, »denn wir sind noch nicht dazu bereit«.

Sie weigerte sich auch zu glauben, dass die Regierung Zivilisten gefoltert, verletzt und getötet hatte. Als ich eine verbürgte Gräueltat nach der anderen auflistete, unterbrach sie mich und setzte die Teetasse ab. Mit engelhaftem Lächeln strahlte sie mich an.

»Glauben Sie, unser Präsident könnte sein eigenes Volk so drangsalieren?«, fragte sie mich ungläubig. »Sein eigenes Volk vergasen? Sein eigenes Volk töten? Das ist das Werk ausländischer Eindringlinge. Sie wollen unsere Kultur vernichten.«

Einige Tage zuvor hatte ich an einem Samstagabend ein privates Konzert für Klavier und Violine besucht. Die Direktorin der Oper hatte Bach, Gluck und Beethoven aufgeführt. Sie trug ein elegantes langes Kleid, und das Konzert fand im Art House statt, einem Luxushotel, das an der Stelle einer alten Mühle errichtet worden war. Eine besondere Attraktion war das strömende Wasser, das man da und dort unter dem gläsernen Fußboden sah.

Eine ähnliche Veranstaltung hätte man sich auch in den Hamptons oder in Newport an der amerikanischen Ostküste vorstellen können. Das Publikum bestand aus Frauen, die schulterfreie schwarze Abendkleider und hohe Absätze trugen, und Bohemiens in Chinos und Sandalen, die ihre artigen Kinder auf dem Schoß hielten.

Als alle ihre Plätze gefunden hatten, bat man uns, aufzustehen und mit einer Schweigeminute den »Kriegstoten« Ehre zu erweisen. Jeder, sogar die Kinder, wirkte in dieser Minute nachdenklich und in sich gekehrt. Nach dem Konzert erhoben sich alle, um der Direktorin und dem Pianisten zu applaudieren, und dann ging es in ein Gartenlokal, wo gekühlter Champagner serviert wurde. Ich hörte, dass etliche Zuhörer mit gedämpften Stimmen über die Ereignisse in der Umgebung der Stadt sprachen: Es hatte Explosionen und heftige Kämpfe in der Nähe der Vororte gegeben.

»Auf die Sinfonie«, sagte ein Mann und erhob sein Glas. Dann hielt er inne.

»Und darauf, dass wir noch ein paar Jahre leben werden.«

Es ist leicht, der eigenen Regierung gegenüber zynisch zu sein, wenn sie einen in den Krieg schickt und man mit einem fehlenden Bein oder auf andere Weise verstümmelt zurückkehrt.

An einem unglaublich heißen Sommermorgen, einem Samstag im Juni 2012, fuhr ich nach Barzeh, einem Brückenkopf der Opposition in Damaskus. Es gibt dort häufig Demonstrationen, und die Regierungssoldaten antworten mit Verhaftungen, Schießereien und Morden. Doch in Barzeh befindet sich auch das staatliche Tishreen-Militärkrankenhaus, in dem verwundete Soldaten gepflegt werden und man sich um die Toten kümmert.

An diesem Junimorgen fand ein Begräbnis für Soldaten statt, die im Kampf für Assad ums Leben gekommen waren. Ich entwischte der Aufpasserin des Krankenhauses – einer Frau Mitte 40 in hohen Schuhen und Militäruniform –, die mir überallhin folgen und sicherstellen sollte, dass ich nur das sah, was man mich sehen lassen wollte, und es gelang mir, den Raum zu finden, wo die Toten präpariert wurden. Niemand bemerkte mich. Ich sah Soldaten und Angestellte des Krankenhauses, die die geschundenen Körper der Toten – entstellt und zerfetzt durch Autobomben, Sprengfallen, Gewehrkugeln und Artilleriegranaten – in einfache Holzsärge legten. Die Särge wurden zugenagelt, syrische Flaggen auf sie gelegt.

Soldaten hoben die Särge auf ihre Schultern und marschierten zu den feierlichen Klängen einer Blaskapelle in einen Hof, in dem Familienmitglieder der Toten und Angehörige ihrer Regimenter warteten. Schwestern, Ehefrauen, Mütter, Brüder, Kinder, Verlobte und Freunde nahmen mit tränenüberströmten Gesichtern an der Zeremonie teil.

Schon bald, dachte ich, werden aufmerksame Beobachter Syriens hinter vorgehaltener Hand einräumen, dass Assad gewinnt; unterstützt von der Hisbollah, ist er noch stärker und entschlossener, zu kämpfen und zu gewinnen. Und seine anderen Unterstützer, Russland, China und der Iran, sind überzeugender als die Unterstützer der Opposition, Katar und die Türkei (und in gewissem Maß, wiewohl nicht durchgängig, auch die Vereinigten Staaten, Großbritannien und Frankreich).

Aber heute, dachte ich weiter, erinnert dieses Begräbnis von so vielen Männern, die an einem einzigen Tag den Tod fanden, auf eindringliche Weise daran, wie schwer es den Streitkräften Assads fällt, die Rebellen zurückzudrängen. Und wie brutal der Krieg ist und dass sich nie etwas an der grundlegenden Tatsache ändert: Politiker halten Reden, und Soldaten kämpfen. Und Soldaten sind immer jemandes Kind, und dieses Kind wird getroffen. Dieses Kind wird getötet.

Ich traf mich mit einem Funktionär der Krankenhausverwaltung – er wollte nicht, dass ich seinen Namen nenne –, der mich sehr zuvorkommend behandelte. Er kochte Kaffee, und nachdem er mir höflich die Zuckerdose hingeschoben und mir einen Löffel gereicht hatte, zog er einen Aktenordner heraus und sagte, dass jede Woche 105 Regierungssoldaten starben. Diese Zahl basierte auf der Zahl der Leichen, die in seiner Klinik ankamen, und den Berichten anderer. Er sei angewiesen worden, die Opferzahlen nicht weiterzugeben, sagte er, denn das könne der Moral der Truppe schaden, und man könne sie weder den Kämpfern selbst noch den Müttern zumuten, die ihre Söhne in den Krieg geschickt hatten.

Wir saßen eine Weile in seinem stillen Büro und tranken Kaffee. Am Ende sagte er: »Es gefällt niemandem, die Toten zu zählen.«

Im siebten Stock des Krankenhauses befand sich jemandes Sohn, der den Krieg erlebt hatte: Firis. Er war 30 Jahre alt, ein Major, sehr gutaussehend mit langem, dunklem Haar und melancholischen Augen. Er lag unter einer dünnen Decke, und zunächst konnte ich nicht sehen, dass sein rechtes Bein und sein rechter Arm fehlten. Als er mich sah, setzte er sich auf, lächelte und ergriff mit der Hand, die er noch hatte, die meine. Es lag kein Selbstmitleid in seiner Haltung. Er bat mich, Platz zu nehmen, und begann vorsichtig mit seiner Geschichte.

Ende Mai hatte Firis Dschabr an einer Schlacht in Homs teilgenommen. An einem Nachmittag, an den er sich detailliert erinnerte – wie die Wolken am Himmel aussahen, wie sich die heiße Luft auf dem Gesicht anfühlte –, geriet er in einen Hinterhalt. Er wurde angeschossen, das Blut strömte aus seinem Körper. Er lag in einem Graben und sah die Männer, die ihn aus kurzer Distanz getroffen hatten. Es seien keine Syrer gewesen, sagt er, »sondern ausländische Kämpfer: Libyer, Libanesen, Jemeniten«.

»Sind Sie sicher, dass es Ausländer waren?«

»Es waren keine Syrer. Ich schwöre – es waren keine Syrer.« Er sagte, er habe sie sprechen gehört, ihr Arabisch sei nicht das Arabisch, das er kenne. »Sie sahen anders aus, sie haben auf andere Weise gekämpft – ich versichere Ihnen, ein Syrer würde seinen Landsmann und Bruder nicht töten.«

Firis ist Alawit, aber er sagte, die Religion spiele für ihn keine große Rolle. Während wir miteinander sprachen, stand seine Verlobte neben dem Bett und trat ungeduldig von einem Fuß auf den anderen. Firis sprach über eine Stunde mit mir und lächelte unterdessen immer wieder. »Ich werde mich nicht bemitleiden«, sagte er.

»Selbst angesichts eines Krieges, der vielleicht nicht hätte ausbrechen müssen?«, fragte ich. Er ließ sich auf das Bett zurücksinken. »Ich habe doch für mein Land gekämpft!«

Er stellte mir seine Mutter vor – er nannte sie »Mama« –, und sie kochte auf einer kleinen Platte in einer Ecke des Raums für uns Kaffee. Dazu gab es köstliches, nach Rosenwasser duftendes Gebäck mit Pistazien. Sie erzählte mir, dass sie Witwe sei. Firis war ihr ältester Sohn. Sie weinte, als er – ohne Tränen – noch einmal die Geschichte seiner Verwundung erzählte. Leise kommentierte sie, dass sie ihn nicht als Soldaten sehe, sondern als einen kleinen Jungen, der Fußball spielte und mit seinen Freunden in die Schule ging – als das Kind, das sie geboren und aufgezogen hatte.

Firis sagte, er sei eigentlich kein politischer Mensch, aber er glaube an Assad und werde weiterkämpfen, sobald er seine Prothesen bekommen habe. Er sagte, es sei heute möglich, die ausgeklügeltsten künstlichen Gliedmaßen herzustellen, man denke nur an die Sprinter, die mit Prothesen Rennen liefen.

»Sie wollen mit einem künstlichen Bein und einem künstlichen Arm zurück an die Front?« »Ich bin Offizier – ich werde gehen, wohin man mich schickt, und, ja, ich würde zurückgehen an die Front. Ich würde wieder kämpfen.«

Seine Mutter zog bei diesen Worten ein trauriges Gesicht. Doch er lächelte sie strahlend an.

»Weine nicht«, sagte er, als sie sich zur Wand drehte. Er versuchte, sich aufzurichten. Zu mir sagte er: »Sie dürfen kein Mitleid mit mir haben. Ich habe zwei Geliebte: meine Verlobte und Syrien.«

Als ich ging, wurde Firis zu einer Untersuchung abgeholt. Seine Mutter saß immer noch mit abgewandtem Gesicht da, der Teller mit Gebäck auf ihrem Schoß war unberührt.

4 Homs

Donnerstag, 8. März 2012

Kurz nachdem die Amerikaner den Irak besetzten, wurde mein Sohn geboren. Es gelang mir damals nicht, ihm die Nägel zu schneiden. Es war eine gefühlsmäßige, keine rationale Sache. Ich nahm die kleine Babyschere in die Hand, betrachtete seine durchscheinenden Finger – hellrosafarben wie das Innere einer Muschel – und bekam Brechreiz.

Eines Nachts, in der Stunde vor Sonnenaufgang, wenn das Unbewusste zuweilen die Quelle einer irrationalen oder neurotischen Reaktion freilegt, begriff ich plötzlich, warum ich nicht fähig war, diese kleine Handlung auszuführen. Mir stand ein Iraker vor Augen, den ich einst gekannt hatte: Er hatte keine Fingernägel gehabt.

Vor April 2003, in den letzten Tagen des Saddam-Regimes, hatte ich einige Monate lang in einem Büro des irakischen Informationsministeriums gearbeitet. Es war ein finsterer Ort gewesen, der paranoide Vorstellungen wachrief. Nach einer Weile hatte ich mich in die künstliche Atmosphäre dieser Welt hineinziehen lassen und war tatsächlich paranoid geworden. Wenn man im Land bleiben wollte, brauchte man ein spezielles Visum, und man hatte den Saddam-Funktionären gegenüber seine Ergebenheit kundzutun, um es zu bekommen. Journalisten bettelten und klagten und bestachen, was das Zeug hielt, um aus dem Land berichten zu können. Sie offerierten den Ministern lebendige Ziegen zum Schlachten an den hohen Feiertagen, aber auch andere Lebensmittel, Geld, teure Weine und pharmazeutische Produkte aus dem Westen (zum Beispiel Mittel gegen Haarausfall), die offiziell nicht eingeführt werden durften.

Doch auch wenn man im Besitz des heißersehnten Visums war, blieb man keineswegs unbehelligt. Man wurde verfolgt und abgehört. Die Telefone wurden angezapft. Wir wussten alle, dass sich in unseren Hotelzimmern Kameras befanden. Ich zog mich nur im dunklen Badezimmer an und aus.

Und wir waren umgeben gewesen von den Übriggebliebenen, den Gespenstern von Saddams Schreckensregime: den Verängstigten, den Verkrüppelten, den Familien der Verschwundenen, den Überlebenden brutaler Folter.

Einer von ihnen war der Mann ohne Fingernägel. Jeden Montagmorgen kam er in mein Büro und streckte mir seine Hand hin, ohne sich im Geringsten darum zu kümmern, dass ich statt Nägeln nur die blutigen, rohen Fingerkuppen sah. Er kam, um sein wöchentliches Bakschisch in Empfang zu nehmen, sein Schmiergeld. Sein Job bestand darin, mein Satellitentelefon zu versiegeln, damit ich es nicht benutzen konnte, es sei denn, das Ministerium beobachtete mich dabei. Wenn man bezahlte, erhielt man ein Siegel – das nur er brechen konnte – und damit die Erlaubnis, das Telefon zu benutzen. Es war natürlich ein rückwärtsgewandtes, sinnloses System, aber so vieles, was Saddam in jener Zeit tat, war sinnlos!

Jedes Mal wenn der Mann kam und ich seine ausgestreckte Hand erblickte, überrollte mich eine Welle von panischer Angst, die rasch zu Übelkeit führte. Und doch konnte ich meine Augen nicht von seinen Fingerkuppen abwenden, aus denen die Nägel gerissen worden waren. Fragen, die ich ihm nicht stellen konnte, rasten durch meinen Kopf. Was hatte er getan, um solche Schmerzen zu verdienen? War er ein Spitzel? Hatte er versucht, aus dem Irak zu fliehen, und war gefasst worden? War er ein Teil des geheimen Netzwerks gewesen, das versuchte, den Diktator zu stürzen? Ich fragte nie. Noch hätte er mir je geantwortet. Wir lebten in einer Republik der Angst. Er wurde eine jener düsteren Figuren am Rand des Bewusstseins, von denen man sein Leben lang nicht loskommt.

Dieser Mann, dessen Namen ich nie erfuhr, schien es nicht übelzunehmen, dass man ihn auf diese sofort erkennbare Weise entstellt hatte. Hände werden von einem Gegenüber häufig als Erstes wahrgenommen, und so wurde jedes Mal, wenn er einem diese Hände entgegenstreckte, klar, dass er irgendetwas getan hatte.

Oder vielleicht hatte er gar nichts getan. Vielleicht war es ein schrecklicher Irrtum gewesen. So etwas passiert ständig in Diktaturen. Menschen werden jahrelang eingesperrt, man vergisst sie. Dann steckt jemand den Schlüssel in die Zellentür, und ein Gefängniswärter sagt: »Du kannst gehen.« Und den Grund dafür erfährt man nie.

Am Tag des Sturzes von Saddams Regime machte ich mich auf die Suche nach dem Mann ohne Fingernägel. Er sollte das Siegel brechen, damit ich mein Satellitentelefon benutzen konnte. In den chaotischen Stunden, als amerikanische Truppen Saddam-Statuen zerstörten, als geplündert wurde und überall fieberhafte Aktivitäten im Gang waren, glaubte ich immer noch, ich bräuchte den Mann, damit ich telefonieren konnte. Aber wie die meisten Mitarbeiter des Regimes war er geflohen. Er versteckte sich wohl irgendwo in einem Loch im Boden, wie Saddam selbst.

Danach bin ich noch oft in den Irak gefahren, aber den Mann ohne Fingernägel sah ich nie wieder.

Vor vielen Jahren, im Gazastreifen, stand ich an der Küste des Mittelmeers, und neben mir stand einer der traurigsten Menschen, die ich je getroffen habe. Seine seelische Verletzung war so tief, dass er, wenn jemand hinter ihm lief und ihm unvermittelt auf die Schulter tippte, in Panik zurückzuckte. Außerdem lächelte er nie.

Er hatte 15 Monate in dem israelischen Hochsicherheitsgefängnis in der Wüste Negev gesessen. Wie jene afrikanischen Stammesmitglieder, die glauben, sterben zu müssen, wenn sie in Gefangenschaft geraten, weil ihnen dort ihr Gefühl für die Zukunft abhandenkommt und sie nur noch in der Gegenwart leben können, erwachte er jeden Tag mit dem Gedanken, dies wäre sein letzter Tag auf Erden.

»Wenn man einmal gefoltert worden ist«, erzählte er mir, »gehört man nicht mehr zur menschlichen Gemeinschaft.«

Folteropfer berichten oft von den Methoden, mit denen sie die barbarischen Schmerzen zu überleben versuchten. Einmal erzählte mir jemand, dass er schwierige französische Vokabeln rekapitulierte. Ein anderer setzte Meditationstechniken ein, um sich selbst von seinem misshandelten, zerschlagenen Körper zu distanzieren.

Ich habe noch kein Folteropfer befragt, das sich nicht verraten gefühlt hätte. Verräter waren die Menschen, die sie der Polizei ausgeliefert hatten, oder die Gesamtheit ihrer Landsleute, die ihnen das angetan hatten, oder sogar Gott, der ihnen unausdenkbar grauenvolle Dinge zufügte.

Doch in Syrien fühlen sich nicht nur die Folteropfer verraten. Für jede Seite sind die Kosten der Loyalität – selbst wenn man an diesem Punkt, fünf Jahre nach Kriegsbeginn, an nichts mehr glaubt – gigantisch hoch.

Im nördlichen Libanon, in einer Stadt, in der heute viele Kämpfer der Freien Syrischen Armee leben, die geflohen sind und sich von schweren Verwundungen erholen, stieg ich einige dunkle Treppenstufen hinauf bis zu dem Stockwerk für die Folteropfer.

Es war ein geheimer Ort. Ich durfte weder den Namen des Viertels und der Straße noch die Namen der Männer notieren. Sie waren in Autos über die syrische Grenze in diese Stadt transportiert worden, und sie fürchteten sich immer noch vor Assads Spionen, die sie töten oder in ihr Land zurückbringen oder ihren Familien Schaden zufügen konnten.

In einem Raum ging ich an einem Mann vorbei, dem man vor kurzem 29 Kugeln aus dem Körper operiert hatte. »Sie haben immer weiter auf mich geschossen, als wäre ich ein Stück Papier«, sagte er.

Dann traf ich einen gelähmten Mann, den man auf ein Brett gebunden hatte. Er spielte mit einem Kind – einem Waisenjungen. Der Mann war von Assads Sicherheitsleuten mit einem Knüppel schwer geschlagen worden; sie hatten ihm die Wirbelsäule gebrochen. Er lag auf seinem Brett, scherzte mit dem Kind und berichtete von dem, was auch er – wie Nada und so viele andere – unzählige Male zu hören bekommen hatte. »Wenn sie mich prügelten«, sagte er, »schrien sie mir bei jedem Schlag zu: ›Du willst Freiheit? Okay, du kriegst sie! Hier ist deine großartige Freiheit!‹«

Als Nächstes sprach ich mit einem Mann, den ich Hussein nennen will. Er hatte Völkerrecht studiert. Er war groß, schmal und bärtig und wirkte – wie nicht anders zu erwarten – gebrochen und traurig. Sein Gesichtsausdruck erinnerte mich an meinen Freund aus Gaza und an seinen Satz, dass er nicht mehr der menschlichen Gemeinschaft angehöre.

Hussein war 24 Jahre alt, er trug weite dunkle Hosen und ein T-Shirt; sein Verhalten war sanft und etwas schüchtern. Er wollte mir immer wieder Zigaretten schenken, aber ich wies sie zurück, und das wurde ein kleines Ritual zwischen uns. Das Schenken war ihm sehr wichtig, und obwohl ich sagte, dass ich nicht rauche, schob er mir immer wieder Zigaretten über die dünne Decke zu, die er im Liegen über seinen Oberkörper gezogen hatte. Endlich nahm ich doch eine Zigarette. Er gab mir Feuer, und ich sah überall an seinen Armen und Händen Verbrennungen von auf der Haut ausgedrückten Zigaretten.

Auf einem anderen Bett kauerte, gegen die Wand gedrückt, ein vierzehnjähriger Junge. Er hörte unserem Gespräch zu. Als ich vorschlug, dass er für die Dauer des Interviews den Raum verließ, weil ich wusste, dass entsetzliche Details zur Sprache kommen würden, erklärte er mir ganz ernst, dass sein Vater vor seinen Augen getötet worden sei, so dass ihm jetzt nichts mehr etwas ausmache. »Sie können ganz offen reden«, sagte er.

Hussein war Sunnit, und er nahm seine Religion ernst, doch er schüttelte mir die Hand – was mich überraschte – und stand sofort auf, um mir humpelnd einen Stuhl zu bringen. Er berichtete, dass er aus einer gebildeten Familie stamme; sein Vater war Staatsbeamter, alle seine Brüder hatten die Universität besucht.

Dann begann er unvermittelt mit seiner Geschichte. Langsam hob er sein T-Shirt hoch. Eine dicke rote Narbe zog sich von der Mitte seines Brustbeins bis in die Lendengegend. Er seufzte, zündete sich eine Zigarette an und fing mit leiser Stimme an zu sprechen.

Er kam aus Baba Amr, dem zerstörten symbolträchtigen Stadtteil im Zentrum von Homs. Homs, die drittgrößte Stadt Syriens und Hochburg der Opposition gegen Assad, befand sich von Mai 2011 bis Mai 2014 im Belagerungszustand. Während ich dies schreibe – aber eine Veränderung ist jederzeit möglich –, befindet sich die Stadt unter der Kontrolle der syrischen Regierung. Aber als Regierungstruppen und paramilitärische Einheiten im Frühjahr 2011, zu Beginn des Aufstands gegen die Regierung von Baschar al-Assad, Baba Amr überrannten, wurde erbittert, grausam und mit allen Mitteln gekämpft.

Homs Bevölkerung ist ein Spiegel der religiösen Vielfalt in ganz Syrien. Sunnitische, schiitische, alawitische und christliche Gemeinden fühlten sich hier zu Hause und lebten Seite an Seite, bis sich während des Sturzes des Polizeistaats herausstellte, dass jeder Sinn für ein gemeinsames Ziel verlorengegangen war.

Bald wütete der Bürgerkrieg in Homs, und Straße für Straße, Haus für Haus, Wohnung für Wohnung wurde zerstört. Die Schlacht wogte hin und her – einmal gewannen die Rebellen an Boden, dann kamen die Regierungstruppen und nahmen ihnen das eroberte Gelände wieder ab.

Hussein sagte, er sei nie ein Kämpfer gewesen. Er war einer der Organisatoren der ursprünglich friedlichen Demonstrationen gewesen, die es in der Stadt gegeben hatte. Damals standen bekannte Persönlichkeiten aus Homs an der Spitze der Proteste, wie die syrische Fernsehschauspielerin Fadwa Suleiman, eine Alawitin. Man hatte die Regierung noch mit Parolen und Aufmärschen bekämpft – nicht mit Waffen.

Als die Demonstrationen gewalttätiger wurden, hatten sich viele abgewandt – wie Suleiman, die heute in Frankreich lebt –, weil sie Gewalt ablehnten. Andere beschlossen, in der Stadt zu bleiben und zu den Waffen zu greifen. Es kam zur Gründung der Freien Syrischen Armee (FSA). Sie setzte sich hauptsächlich aus unzufriedenen Offizieren der Streitkräfte Assads zusammen, dazu kamen junge und unerfahrene Kämpfer; sie alle wurden von dem Wunsch zusammengeschweißt, in einem demokratischen Land leben zu wollen, einem Land, in dem es unmöglich sein würde, dass eine einzige Familie jahrzehntelang regierte.

Hussein sagte, er sei nie Mitglied der FSA gewesen. Er schwor, dass seine Loyalität zur Opposition rein politisch begründet sei und er mit ihren militärischen Operationen nie etwas zu tun gehabt habe. Er habe sich mit dem Arabischen Frühling identifiziert. Als er sah, wie die Menschen in Tunesien, Libyen und Ägypten rebellierten, hatten er und seine Freunde Hoffnung geschöpft. »Zuerst ging es um Freiheit, um Rechte«, sagte er und hielt inne. »Dann kamen die Schüsse.«

Sich Erinnerungen zu stellen ist selbst für diejenigen schwierig, die weder Krieg noch Folter erleben mussten. Wer sich den Erinnerungen an Krieg oder den Erinnerungen an körperliche Schmerzen und Entbehrungen stellt, braucht große seelische Kraft. Woran sich Hussein vor allem erinnerte, waren die Schmerzen, die grundlegenden Empfindungen: Kälte, Hunger, Durst.

Jener erste Winter in Homs war kalt. Es war schwer, an Essen zu kommen. Das Wasser war abgestellt, und es gab keinen Strom. Kerzen erleuchteten die Zimmer. Hussein erzählt:

»Ende Februar 2012 begannen die Truppen Assads den ersten Angriff. Sie versuchten, unser Viertel, Baba Amr, wieder in die Hand zu bekommen. Aber schon Anfang Februar war der Beschuss durch Gewehrfeuer und Granaten richtig heftig gewesen. Nach zwei Wochen waren die Leute erschöpft. Am letzten Tag im Februar sagte jemand aus meiner Familie, das Regime werde Baba Amr von Rebellen ›säubern‹ und nach ein paar Tagen wäre alles vorbei. Das bedeutete, dass wir unser Land verlieren würden.

Ich erinnere mich an Hubschrauber. Ich erinnere mich daran, dass eine ganze Familie getötet wurde, erschossen, darunter fünf Kinder. Die syrische Armee schickte die 4. Division mit Panzern und Infanterie.

Die Kämpfer der Freien Syrischen Armee, die Faruq-Brigaden, rannten weg, weil sie Angst hatten. Viele hatten gesagt, sie würden Baba Amr verteidigen bis zum letzten Mann – aber dann rannten sie weg. Man konnte es ihnen nicht vorwerfen – sie hatten ja keine Waffen. Wir blieben im Haus. Am 1. März hatte die FSA genug, es gab einen ›taktischen Rückzug‹. Ein Nachbar kam und sagte uns, dass 17 Soldaten von Assads Leuten gefangen genommen und sofort erschossen worden seien.

Wir blieben eine Woche in unserem Versteck.

Am 8. März, ungefähr um halb acht Uhr abends – ich weiß die Zeit noch – hörte ich Männer in einer fremden Sprache reden. Ich glaube, es war Farsi, also waren es entweder iranische Kämpfer im Dienst Assads oder Hisbollah-Kämpfer … Ich weiß es nicht.

Ich weiß es nicht. Es ist so schwer, sich an etwas zu erinnern, was du so gern vergessen würdest.«

Zuerst weigerte sich Hussein, die Tür zu öffnen. Er versuchte, mit ihnen zu sprechen. »Ich sagte: ›Wir sind Zivilisten! Wir haben Rechte!‹«

Aber die Soldaten – nach seinen Worten trugen sie keine Uniformen, das heißt, es könnte sich um Paramilitärs gehandelt haben – feuerten sofort, worauf sein Bruder zögernd die Tür öffnete. Die Kämpfer schossen dem Teenager aus kurzer Entfernung in die Brust; die Wucht der Kugel schleuderte ihn gegen eine Mauer, und er fiel sterbend zu Boden. Hussein konnte nichts tun.

Sie schleppten ihn ins Haus. Sie waren wie ein Bienenschwarm. Nach Husseins Schätzung mussten es etwa 30 Kämpfer gewesen sein. Sie schossen ihm in die Schulter und in die Hand und machten ihn damit wehrlos. Der Schock betäubte ihn, und er erinnert sich an die grässlichen Schmerzen. Während er spricht, hebt er seine deformierte Hand und berührt eine kreisförmige rote Narbe an seiner Schulter. Die Wucht der Kugeln ließ ihn rückwärts taumeln. Er lag neben seinem sterbenden Bruder auf dem Boden, sah ihm direkt ins Gesicht. »Ich konnte sehen, wie das Leben seinen Körper verließ«, sagt er ruhig.

Dann packten die Männer ihn und seinen Bruder an Händen und Füßen und schleppten sie zusammen mit einigen Dutzend Männern aus der Nachbarschaft zu einem Lastwagen. Einen nach dem anderen warfen sie auf die Ladefläche. Sie sagten, sie würden sie als menschliche Schutzschilde benutzen. Einige der Männer auf dem Lkw waren bereits tot; viele waren zusammengeschlagen worden und stöhnten vor Schmerzen. Einige waren erschossen worden, andere sahen aus, als hätte man sie mit Knüppeln oder Stöcken traktiert.

»Einer der Bewacher zog einen Mann an den Ohren hoch

und schrie: ›Sag, dass Baschar al-Assad dein Gott ist.‹ Der Mann erwiderte: ›Ich habe keinen Gott außer Gott‹, worauf ihn der Bewacher erschoss und auf den Haufen der anderen warf. Herausfordernd sah er alle an und wiederholte: ›Assad ist euer Gott!‹« Hussein blutete, aber sein Bruder war dem Tod nahe.

Sie fuhren die Männer auf dem Lastwagen zu einem Militärkrankenhaus, aber nicht, um sie behandeln zu lassen. Hussein wusste, was das Krankenhaus war – keine Stätte der Genesung, sondern ein Folterkeller. Kaum hatten sie die Türen hinter sich geschlossen, begannen die Entführer, Hussein mit Stöcken aus Plastik und Holz auf brutalste Weise zu verprügeln.

Husseins Bruder wurde in einen Keller geworfen, der als Leichenhalle diente. Er starb allein, glaubt Hussein, indem er erstickte oder verblutete. Es war derselbe Raum, in den Hussein von da an jeden Tag nach den Folterungen zum Schlafen gebracht wurde: Er lag dann auf den Leichen anderer Männer.

Aber natürlich schlief er nie. Einige der Männer unter und neben ihm waren noch nicht tot. Hussein beschreibt, wie er wach lag und den letzten Atemzügen der Menschen um ihn herum lauschte. Eines Nachts warfen sie ihn wieder auf einen toten Körper, und er entdeckte, dass es die Leiche seines Bruders war.

Am ersten Tag seiner Gefangenschaft stellten sich ihm die Folterer vor. Sie waren Syrer, und sie behaupteten, sie seien Ärzte. Sie waren zu viert, und zusammen brachten sie ihn in einen Raum, der aussah wie ein Operationssaal.

»Bist du ein Kämpfer?«

»Nein, ich bin Student.«

»Bist du ein Kämpfer?«

Er blieb dabei: »Ich bin Student. Ich studiere Jura.«

Sie hielten seinen Penis und nahmen eine Rasierklinge und sagten: »Gut, schneiden wir ihn ab.«

Sie drückten ihm die Klinge ins Fleisch, Blut trat aus. Dann drückten sie schmerzhaft auf seine Blase und zwangen ihn zu urinieren.

»Warum wollt ihr mich umbringen?«, fragte Hussein, verrückt vor Angst und Schmerzen.

»Weil deine Leute uns umbringen«, sagten sie.

Dann verabreichten sie ihm Stromschläge. Und so ging es drei Tage lang. Schläge, Verbrennungen, Schnitte. Dann erneut Schläge, Verbrennungen, Schnitte. Das Schlimmste, sagt er, seien die Schnitte gewesen.

»Sie holten mich ab. Ich lag auf einem Tisch und schloss die Augen. Ich sah, dass sie mir mit einem Skalpell in den Bauch schnitten. Ich fühlte nichts, weil ich, glaube ich, einen Schock hatte. Dann holten sie etwas aus meinem Körper – ich spürte ein Ziehen. Es war mein Darm. Sie zogen ihn in die Länge. Sie hielten ihn in Händen und legten ihn auf meinen Bauch. Sie machten Witze darüber, wie viel die Rebellen essen würden, wie viel Nahrung sich in meinen Eingeweiden befand. Dann nähten sie mich zu, aber ganz grob, überall war rohes Fleisch und Blut.«

Hussein sagt, dass sein Bauch zwei Tage lang »offen« gewesen sei, bevor sie die Wunde wieder richtig zunähten.

Am nächsten Tag punktierten die Folterer – die wohl über medizinisches Wissen verfügten – Husseins Lunge. Sie machten einen Einschnitt, der zwischen seiner Brustwarze und der Mitte seines Rückens verläuft. Sie führten etwas ein, was er als ein kleines Saugrohr aus Plastik beschreibt.

»Ich spürte, wie die Luft meine Lunge verließ«, sagt er ruhig. »Mein rechter Lungenflügel war kollabiert. Ich konnte nicht atmen.«*

Aber von all den Schmerzen, die er erleiden musste, gehörten die seelischen zu den allerschlimmsten: das Gefühl, dass er nie Gerechtigkeit erfahren würde, dass er bestraft wurde für etwas, was er nicht getan hatte. Hussein hatte die Menschenrechte studiert – vor allem, sagt er, habe er sich verraten gefühlt.

»Von wem?«, frage ich.

Von Syrien, von den Syrern, von seiner Regierung. Von seinem eigenen Volk, das das, was im März 2011 als fried-

---

* Ich glaube Husseins Bericht. Aber ich bin Journalistin, und die Verpflichtung zur Objektivität bedeutet, dass ich sie nach allen Seiten hin prüfen muss. Ich bat einen syrischen Chirurgen, der heute in den Vereinigten Staaten lebt (er stammt aus Damaskus, ist orthodoxer Christ), diesen Teil meines Textes zu lesen. Das tat er. Er bezweifelte die medizinische Glaubwürdigkeit des Berichts und äußerte die Meinung, dass das Ganze eine kurative Behandlung des Interviewpartners gewesen sein könnte, die ohne Anästhesie durchgeführt worden war (in einem kriegsgeschüttelten Land, in dem die elementarsten Dinge fehlen, ist das oft eine traurige Begleiterscheinung medizinischer Behandlungen). Er hält die Prozedur zumindest in dem oben beschriebenen Ausmaß für »technisch unmöglich«, während die anderen Foltermethoden gut dokumentiert und von anderen bereits genau beschrieben wurden. Allerdings hat dieser Arzt nie für längere Zeit in Syrien gelebt und war mit der Folter unter dem Assad-Regime insgesamt wenig vertraut. Mitarbeiter von Human Rights Watch, die lange in Syrien gearbeitet hatten, lasen den Text und fanden, er sei leider voll und ganz glaubwürdig.

licher Protest im Namen der Demokratie begonnen hatte, in einen gewalttätigen Feldzug verwandelt hatte.

»Wir haben unser Land kaputt gemacht«, sagt er.

In den Tagen, in denen Hussein gefoltert wurde, hängte man ihn immer wieder auch an den Füßen auf, manchmal bis zu fünf Stunden lang. Die Geschichte seiner Rettung klingt so unwahrscheinlich, dass man sie fast nicht glauben kann, und doch traf ich ihn, etliche Monate danach, in einem Krankenhaus im nördlichen Libanon, und er war lebendig, und seine zerschlagenen Glieder heilten.

Im Kopf ging er zurück in jene Zeit und erinnerte sich an die Tage seiner Folter. Er erzählte mir, dass er »von fast jedem, der gerade vorbeikam, als Punchingball benutzt wurde, weil sie Spaß haben wollten«. Am fünften Tag, als es ruhig wurde, kniete plötzlich ein Arzt vor ihm.

»Ich bin auf der Seite von Präsident Assad, ich bin für das Regime«, sagte er zu Hussein. »Mein Job ist es, sicherzustellen, dass Sie noch leben und noch mehr Folter ertragen können. Aber das hier kann ich nicht mehr mit ansehen.« Er nahm sein Handgelenk und maß den Puls.

»Ihr Herz hat zweimal ausgesetzt, einmal zehn Sekunden lang, einmal 15 Sekunden.« Er beugte sich vor und öffnete ein Notizbuch. Er vermied es, Hussein in die Augen zu sehen.

»Ich werde Ihre Akte schließen und schreiben, dass es mir beim zweiten Mal nicht gelungen ist, Sie wiederzubeleben. Verstehen Sie, was ich Ihnen sage? Sie sind tot.«

Er wiederholte es langsam: »Verstehen Sie, was ich sage? *Sie sind tot*. In der Akte steht, dass Sie gestorben sind.«

Bevor er wegging, sagte der Arzt noch: »Wenn Allah will, dass Sie leben, werden Sie einen Weg finden, um hier herauszukommen.« Diesmal sah er ihn lange an und hielt seinen Blick fest. Dann war er fort.

Hussein brauchte mehrere Minuten, um zu begreifen, was der Arzt gemeint hatte. Er ordnete an, Hussein von den Seilen zu nehmen, an denen er hing; jemand hob ihn hoch, und dann wurde er wieder in den Leichenraum geworfen.

Eine Stunde lag er zwischen den Toten. Seine Schmerzen waren unerträglich, das Blut rauschte in seinen Ohren, und er konnte an nichts denken, bis eine Schwester hereinkam.

Sie beugte sich hinunter und flüsterte Hussein zu, dass sie von der Freien Syrischen Armee dafür bezahlt werde, alle Männer, die noch nicht tot waren, aus diesem Raum herauszubringen. Er solle sich genau an ihre Anweisungen halten. Sie hatte die Uniform eines Armeeangehörigen mitgebracht und sie sagte ihm eine Zahl, die er behalten musste. Er wiederholte die Zahl zweimal.

»Verstehen Sie?«, sagte sie ruhig. »Wenn Sie überleben wollen, müssen Sie genau das tun, was ich Ihnen sage.«

Hussein murmelte, dass er nicht mehr stehen könne, worauf sie sein T-Shirt hochzog und ihm eine Schmerzspritze gab. Dann half sie ihm beim Aufstehen und beim Anziehen der Uniform der Assad-Armee.

»Los, schnell«, sagte sie.

Auf die Schwester gestützt, überquerten sie den Hof des Militärkrankenhauses bis zum Tor. Sie brauchten 20 Minuten, um die wenigen Meter zu gehen; später sagte Hussein, es hätte sich wie Tage angefühlt, den dunklen Raum dort unten hinter sich zu lassen. Ein Wachmann fragte ihn nach seiner Nummer. Er sagte die Zahl, die die Schwester ihm genannt und mit ihm geübt hatte, während sie nervös von einem Bein aufs andere trat.

Auf der anderen Seite des Tors wartete ein Auto. Es war von der FSA geschickt worden. Die Tür wurde geöffnet, die Schwester half ihm beim Einsteigen. Dann drehte sie sich um und ging zurück. Er sah sie nie wieder.

»Wird irgendjemand von denen, die das taten, ins Gefängnis kommen?«, fragte er. »Werden diese Leute bestraft werden?«

Ich dachte über die Frage nach, dachte an die Kriegsverbrecher in Bosnien, in Sierra Leone, in anderen Kriegen, die bis heute andauern.

Ich sagte: »Ich weiß es nicht.«

5 Daraja

Samstag, 25. August 2012

Der Mechaniker suchte drei Tage nach seiner Familie. Er durchkämmte zerstörte Gebäude, grub unter Bergen von Schutt und Beton. Er versuchte, die leisesten Geräusche wahrzunehmen, hoffte auf Stimmen, die nach Hilfe schrien, auf Spuren von Menschen, die unter dem Schutt begraben waren. Er hoffte darauf, die Stimme seines Vaters zu hören.

Vor dem Krieg reparierte er Autos. Jetzt war er, nachdem er bei der Schlacht um Daraja mitgekämpft hatte, auf dem rechten Auge blind. Er glaubte, dass der Splitter in seinem Auge entweder von einer Hubschrauberbombe oder vielleicht von einer Granate stammte. Er war sich nicht sicher. Einäugig irrte er durch die Trümmer wie ein Gespenst.

»Baba!«, schrie er, bis er heiser wurde.

Er suchte auch nachts, auch als es schon viel zu gefährlich war, draußen auf den aufgerissenen Straßen zu sein. Es gab nicht mehr viele Menschen in Daraja, und vor denen, die noch da waren, fürchtete er sich.

Am dritten Tag fand er die Leiche seines Vaters, in einem Bauernhaus an der Landstraße, kurz hinter der Stadt. Es war purer Zufall, dass er diese Straße entlanggegangen war, und er hatte schon das Gefühl gehabt, wieder einmal vergeblich zu suchen. Dann sah er ihn. Der alte Mann lag in der Küche des Bauernhauses, und neben ihm lagen drei andere Leichen, die bereits anfingen zu verwesen.

Es waren junge Männer zwischen 16 und 20 Jahren. Er schloss ihre Augen und ging zurück, weil er ein Auto finden wollte, mit dem er die Leichen in die Stadt zurückbringen konnte.

Er war von tiefer Trauer erfüllt, als er mir diese Geschichte erzählte. »Können Sie mir sagen, warum jemand einen alten Mann tötet?«, fragte er weinend. »Einen alten Mann! Er kann doch gar nicht mehr kämpfen.«

Der Sohn dieses toten alten Mannes zündete sich eine Zigarette an. Er wählte seine Worte sorgfältig. »Dies ist nicht mein Syrien. Wenn ich das Leid sehe, das in unseren Städten angerichtet wird, ist alles, was ich denke: Das ist nicht mein Syrien.«

Die Menschen, die ich später traf, sprachen von den Mordorgien, die an einem der heißesten Tage des Jahres in der armen sunnitischen Kommune Daraja stattgefunden hatten. Sie erinnerten sich an »heftigen Maschinengewehrbeschuss von Hubschraubern aus«, an »Beschuss durch Granatwerfer auf einem Militärflughafen der Regierung in der Nähe des Mezzeh-Viertels«, und an »Heckenschützen in Gebäuden« im Norden der Stadt.

Sie sprachen von Soldaten, die von Haus zu Haus gingen, von Spitzeln, die ihnen die Häuser der Aktivisten zeigten; sie sprachen von Leichen in den Straßen; von Zivilisten, die sich in Kellern versteckt hatten: Sie wurden gezwungen herauszukommen, mussten sich in Reihen aufstellen und wurden dann kurzerhand hingerichtet. Der im britischen Außenministerium für den Nahen Osten zuständige Staatssekretär Alistair Burt nannte das »einen Akt der Grausamkeit von ungewohntem Ausmaß, der die einhellige Verurteilung der internationalen Gemeinschaft fordert«.

Der Vorort Daraja, sieben Kilometer von Damaskus entfernt, war einst bekannt für seine handgefertigten Holzmöbel. Einer Paulus-Legende nach sah Saulus hier in einer Vision Gott und wurde zum christlichen Apostel. Von Daraja aus reiste er nach Damaskus.

Aber im August 2012 gab es hier weder Wunder noch Visionen: Über 300 Menschen, darunter Frauen und Kinder, wurden bei der »Säuberung« der Stadt getötet.

Ein paar Tage nach den schrecklichen Ereignissen fuhr ich dorthin. Ich wurde von meiner sunnitischen Freundin Maryam gefahren, und wir passierten problemlos die Checkpoints der Regierungstruppen, die besetzt waren von jungen Soldaten mit Dreitagebärten und Kalaschnikows. Wie Maryam trug ich ein weißes Kopftuch und eine dunkle Sonnenbrille – mein Gesicht war kaum zu erkennen. Die Soldaten hielten uns beide für Einheimische und winkten uns lässig durch. Als wir den letzten Kontrollpunkt hinter uns hatten, erzählte mir Maryam von einem der bekanntesten Bewohner Darajas, dem sechsundzwanzigjährigen Helden Ghaith Matar.

Matar ging zu den Demonstrationen, aber er habe »nur Frieden« gewollt, sagte Maryam. Während der Protestmärsche beschenkte er die Regierungssoldaten mit Damaszenerrosen und Wasserflaschen. »Das war, bevor sie auf die Demonstranten schossen«, sagte sie.

Matar wurde im September 2011 getötet, ein Jahr vor dem mutmaßlichen Massaker von Daraja. Seine Frau war zu dieser Zeit 21 Jahre alt und schwanger. Es gab Gerüchte, dass er vor seinem Tod gefoltert wurde, dass man ihm die Kehle durchschnitt.

Die Morde von Daraja ereigneten sich 18 Monate nach

Beginn des Krieges. Wenn die Todeszahlen wirklich so hoch sind, wie man uns berichtete, wenn die Zivilisten tatsächlich in Kellern und Unterständen ermordet wurden und dann in den Hof der Abu-Suleiman-al-Darani-Moschee gebracht oder auf dem Friedhof im Stadtzentrum verscharrt wurden – dann wäre das die bisher größte Gräueltat im syrischen Krieg.

Maryams Familie stammt aus Daraja, aber sie hielt sich in ihrem Ferienhaus an der Küste auf, als zwischen dem 23. und 25. August das Massaker stattfand. »Wie gut, dass Mama ans Meer wollte«, sagte sie, während sie die zerstörte Stadt auf sich wirken ließ: die ausgebombten Läden von Schneidern und Krämern, die in die Luft gejagten Mietshäuser, die stinkenden, nicht abgeholten Müllhaufen an den Ecken. In den Gebäuden hing der unverkennbare Geruch von verwesenden Körpern.

Trotz ihrer zur Schau getragenen Ungerührtheit war es Maryam anzusehen, dass sie schockiert war. Sie hatte sich noch nicht entschieden, welche Seite sie unterstützen sollte, die Regierung oder die Rebellen. Sie wollte selbst sehen, was passiert war. Sie sagte: »Ich habe keine Vorurteile.« Drei Monate zuvor, während des Massakers von Hula,[4] hatte mir Maryam im Brustton der Überzeugung gesagt, dass sie den Berichten über Hunderte von Toten nicht glaube.

Jetzt sprachen die Berichte davon, dass in Daraja nicht weniger als 500 Menschen getötet worden seien – in dieser Stadt, in der ihre Familie seit Jahren eine Wohnung besaß, wo sie nach Pinien duftende Sessel und eine Kommode gekauft und mir begeistert in allen Einzelheiten geschildert hatte: »Du kannst dir das nicht vorstellen, wie schön diese Möbel gearbeitet sind …«

Während der Fahrt wies sie mich auf Gebäude hin, die sich dort befunden hatten, wo es heute nur noch Trümmer gab. »Schau mal, da war das Haus des Arztes … das da war die Schule … O nein, das ist die Stelle, wo meine Tante einen Laden hatte …« In den aschgrauen Ruinen des Krieges war es unmöglich sich vorzustellen, wie Daraja früher einmal ausgesehen hatte und was hier tatsächlich geschehen war.

Für mich sah es so aus, als wäre die Stadt zuerst aus der Luft bombardiert worden, und dann musste es einen Häuserkampf gegeben haben. Als wir aus dem Auto stiegen, sammelten sich Passanten um uns: Sie wollten, dass sich jemand ihre Geschichten anhörte. Sie schrien durcheinander. Sie wollten Zeugen sein. Einige sagten, Männer und Jungen seien aus kürzester Entfernung erschossen worden; andere behaupteten, es seien Messer benutzt worden.

»Aber jetzt ist das Problem, dass es nichts zu essen gibt, kein Wasser, kein Strom«, sagte mir J., ein Familienvater.

J. hatte seine zwei Kinder draußen spielen lassen. Sie kletterten in den Ruinen herum, benutzten Betonteile als Brücken, bauten kleine Häuser aus Schutt. J. wollte, dass ich mit seiner jüngsten Tochter sprach. »Es gibt nichts zu tun, niemand ist da, mit dem man spielen kann«, sagte die sechsjährige Rauda. »Meine Freundin ist weggegangen, als es mit den Bomben anfing. Ich bin bei meiner Mutter gewesen, hab mich ganz fest an sie gedrückt. Aber sie hat gesagt, wir gehen nicht weg.«

In den Regierungsberichten, die auf die internationalen Verurteilungen hin erschienen, stand, dass es in Daraja kein Massaker gegeben habe. Ein »Gefangenenaustausch« sei außer Kontrolle geraten. Der englische Reporter Robert

Fisk, der seit langem in der Region arbeitet, begleitete Truppen der syrischen Armee in die Stadt. Im *Independent* vom 29. August 2012 schreibt er:

»Doch die Männer und Frauen, mit denen wir sprechen konnten – zwei von ihnen hatten an Darajas Tag der Schande keine hundert Stunden zuvor ihre Angehörigen verloren –, erzählten eine ganz andere Geschichte als die Version, die seither um die Welt gegangen ist: Es habe eine Geiselnahme der Freien Syrischen Armee und verzweifelte Verhandlungen um einen Gefangenenaustausch zwischen den bewaffneten Gegnern des Regimes und der syrischen Armee gegeben, bevor die Regierung von Baschar al-Assad beschloss, die Stadt zu stürmen und den Rebellen die Herrschaft über sie wieder zu entreißen.

Offiziell ist kein Wort von solchen Gesprächen zwischen Todfeinden nach außen gedrungen. Aber ranghohe syrische Offiziere sagten dem *Independent*, sie sähen ›nicht mehr die geringste Möglichkeit einer Versöhnung‹ mit den Besatzern der Stadt, während uns Bewohner von Daraja berichteten, es habe von beiden Seiten den Versuch gegeben, Zivilisten und ehemalige Soldaten – Leute, die offenbar wegen ihrer Verbindungen zur Regierungsarmee von den Rebellen entführt worden waren – gegen Gefangene im Gewahrsam der Armee auszutauschen. Als diese Gespräche scheiterten, marschierte die Armee in Daraja ein, das nur sechs Meilen vom Zentrum von Damaskus entfernt ist.«[5]

Fisk interviewte zwei Personen, die behaupteten, noch vor dem Eintreffen der syrischen Armee Tote in den Straßen gesehen zu haben:

> »Eine Frau, die sich Leena nannte, sagte … [sie] habe mindestens zehn männliche Leichen in der Nähe ihres Hauses auf der Straße liegen sehen. ›Wir fuhren mehrmals an ihnen vorbei, wir wagten nicht anzuhalten, wir sahen einfach diese Leichen auf der Straße liegen.‹ Sie sagte, syrische Truppen hätten zu dieser Zeit die Stadt noch nicht betreten.
>
> Ein Mann sagte, obwohl er die Toten nicht auf dem Friedhof gesehen habe, glaube er, dass die meisten mit der Regierungsarmee in Verbindung standen, und es seien auch einige ehemalige Rekruten darunter gewesen. ›Einer der Toten war ein Briefträger – auch er wurde getötet, weil er für die Regierung arbeitete‹, sagte der Mann.«

Fisk schließt mit den Worten: »Wenn diese Geschichten wahr sind, dann waren die Bewaffneten … bewaffnete Aufständische und keine regulären syrischen Truppen.«

Aber man muss fairerweise sagen, dass Fisk Regierungstruppen begleitete und dass seine zwei Interviewpartner ihm das sagten, was die Soldaten in seiner Nähe hören wollten (oder sie hatten Angst). Die Menschen, denen ich begegnete, sagten, dass die Panzer der Regierung geradewegs ins Stadtzentrum rollten und alles zerstörten, was ihnen in die Quere kam, Straßenlampen, Häuser, sogar die Friedhofsmauern. Dann begann das Töten.

Es schien in der ganzen Stadt kein einziges Fenster mehr zu geben, dessen Scheiben nicht zerbrochen waren. Mitten in den Ruinen einer Häuserzeile, die wie ein Akkordeon zusammengeschoben worden war, sah ich einen einsamen Fahrradfahrer mit einer auf dem Gepäckträger festgeschnallten Pappschachtel voll eingemachtem Gemüse. Er sagte, er versuche, seine Wohnung zu finden.

In einem anderen Gebäude traf ich auf einen Mann, der sich nach den schweren Kämpfen immer noch in einem Versteck aufhielt. Kurz zuvor hatte man ihn nach sechs Monaten aus dem Gefängnis entlassen. Rashid war im Dezember 2011 verhaftet worden, obwohl er erklärte, dass er nicht der Freien Syrischen Armee angehörte. »Sie behaupteten, ich wäre einer der Organisatoren der Streiks«, sagte er.

Er wurde in das Jawiya-Gefängnis der Luftwaffe unweit des Mezzeh-Viertels gebracht. Man zog ihn aus, ließ ihn draußen in der Kälte stehen und übergoss ihn mit kaltem Wasser. Dann wurde er mit Fäusten und Stöcken geschlagen.

»Ich blieb fünf Stunden dort, mir war eiskalt, die Hände hatten sie mir auf dem Rücken gefesselt und sie fragten immer wieder, ob ich Streiks organisieren würde.«

Dann wurde er mit den Händen auf dem Rücken aufgehängt, so dass die Schulterknochen aus den Gelenkpfannen sprangen. Er schleuderte seine staubigen Sandalen weg, um mir seine Fußsohlen mit den hochroten Narben zu zeigen: An diesen Stellen wurde er bevorzugt geschlagen. »Die Stromstöße, das war noch das Leichteste von allem.«

Die Nächte verbrachte er in einem Raum von vier auf fünf Meter, in dem 150 Männer zusammengepfercht worden waren. Sie mussten alle stehen, damit sich immer abwechselnd einer von ihnen hinlegen konnte. Das alles musste er ein halbes Jahr lang erdulden.

»Das Problem ist, dass sie dich vergessen«, sagte er. »Und dann sind sie eines Tages einfach gekommen und haben gesagt, okay, es war ein Fehler, du kannst gehen.«

Menschenrechtsorganisationen haben Belege dafür, dass – zum Zeitpunkt der Niederschrift dieses Berichts – fast 38000 Syrer im Gefängnis sitzen, oft ohne dass ihre Familien ihren Aufenthaltsort oder den Grund ihrer Verhaftung erfahren.

Rashid schildert den Angriff auf Daraja, der am vorangegangenen Samstag, dem vierten Tag des Opferfests, stattgefunden hatte:

»Der Beschuss begann um 7 Uhr 30. Es gibt kein erschreckenderes Geräusch als das von Raketen«, sagte er.

Am Sonntag wurde das Bombardement fortgesetzt, und dann, am Montag, kam schließlich die Armee. Die meisten Leute versteckten sich in Kellern. Einige wurden herausgezogen und draußen exekutiert; nach Zeugenberichten wurden Menschen einfach mit Maschinengewehren niedergemäht.

»Es gab Spitzel, die ihnen zeigten, wo die Oppositionellen waren«, sagte er. »Sie ließen die Frauen weglaufen, aber die Männer wurden einer nach dem anderen getötet. Es kam auch vor, dass sie in die Keller gingen und alte Männer und Kinder umbrachten – die Kinder, nur weil sie Jungen waren.«

Eine Frau namens Umm Hussein, die für andere kochte und Essen in die Moschee brachte, rannte während der Bombardierungen mit ihrer kleinen Tochter und ihrem zwanzigjährigen Sohn über die Straße. Ein Lastwagen fuhr vorbei, und die Soldaten auf der Ladefläche skandierten: »Mit unserem Leben, mit unserem Blut kämpfen wir für Assad!«

Umm Hussein und ihre Kinder schafften es nicht, sich in Sicherheit zu bringen. Sie wurden angehalten, der Sohn wurde erschossen. Sie sagte, seine Leiche sei aus der Stadt geschafft worden; es gibt Gerüchte, nach denen einige Opfer in sogenannte sekundäre Gräber umgebettet wurden, genau wie beim Massaker von Srebrenica 1995.

Aber einige meiner Gesprächspartner in Daraja sagten auch, dass die Regierungssoldaten ihnen Nahrungsmittel gaben und sich um die Verwundeten kümmerten. »Sie haben uns Brot gegeben«, sagte ein Mann. »Sie waren nicht alle Monster.«

In den ersten Tagen nach dem Chaos wusste niemand, wer tot war und wer noch lebte. Das Violations Documentation Center, eine Nichtregierungsorganisation, die Menschenrechtsverletzungen in Syrien dokumentiert, spricht von 380 Toten; die syrische Opposition von Tausenden.

Die Erde auf dem Friedhof im Stadtzentrum war noch feucht, und es sah aus, als wären die Gräber gerade erst ausgehoben worden. Es schienen mindestens einige Hundert zu sein. Eine Frau kam jeden Tag hierher, um die am Eingang des Friedhofs aufgehängte Liste durchzulesen; sie suchte nach ihren verschwundenen Söhnen: »Wir gehen immer noch in Häuser und verlassene Ruinen, um vielleicht eine Spur von ihnen zu entdecken.« Sie sagte, dass jeder hier nur auf die Stunde warte, zu der der Totengräber kommt, weil es dann neue Leichen zum Identifizieren gebe.

Maryam und ich machten uns auf die Suche nach diesem Totengräber, weil wir hofften, dass er uns eine genauere Totenzahl nennen konnte. Wir stießen auf eine dichte Menschenmenge. Sie alle lasen die Nachrichten verzweifelter Familien: die Listen der Verschwundenen. Als wir kamen, ließen sie uns durch, und auch wir lasen die lange Liste der Namen.

An dieser Stelle traf ich den Mechaniker. Er stand vor der Liste, und er sagte: »Syrer können das doch ihren Landsleuten nicht antun.«

Viele Leichen wurden am fünften Tag entdeckt, als Human Rights Watch Satellitenbilder der umkämpften Stadt erhielt. Anfangs war ihnen nicht klar, ob die Morde von Regierungskräften verübt worden waren oder ob Schabiha-Milizen sie ausgeführt hatten, nachdem die Stadt von Hubschraubern aus beschossen und bombardiert worden war: »Wir wissen immer noch nicht, wer die Drecksarbeit machte, wer mordete – ob es die Uniformierten waren oder Schabiha«, sagte mir Ole Solvang von Human Rights Watch einige Wochen nach der Schlacht. »Wir reden immer noch mit verschiedenen Leuten, um das herauszufinden.«

»Ich glaube, wer immer es tat«, erklärte Maryam feierlich, »wollte Daraja damit eine Lektion erteilen.«

Aber warum? Warum einer Stadt eine Lektion erteilen? Und wer waren die Verantwortlichen? Ein syrischer Journalist sagte mir später, dass auch iranische Milizen die syrische Armee unterstützen.[6]

Daraja galt lange als eine Bastion der Opposition und eine Basis der Freien Syrischen Armee. Im Lauf der Zeit war Daraja mit 3000 Kämpfern zu einer Hochburg der FSA geworden. Es lag strategisch günstig am Rand des Militärflughafens von Mezzeh, einem Stadtteil, von dem aus Luftschläge gegen von Rebellen besetzte Gebiete geführt wurden. Sowohl Rebellen als auch Bewohner des Viertels berichteten, dass oppositionelle Kräfte von Daraja aus Granatwerfer- und Raketenangriffe durchführten. Einige Tage vor dem Angriff der Regierungstruppen hatten die Rebellen zudem erklärt, bei einem militärischen Checkpoint am Stadtrand 30 Soldaten getötet zu haben.[7]

Aber es gibt auch Berichte, nach denen die FSA wenigstens zwei Tage vor dem Datum der Schlacht begann, sich aus ihren Stellungen zurückzuziehen, um der Stadt einen Angriff zu ersparen.

Nicht lange vor dem Massaker hatte es eine Woche lang schauerliche Leichenfunde gegeben: Menschen, die von Regimekräften ohne Prozess hingerichtet worden waren. Die Regierungssoldaten waren unerwartet in Vororten von Damaskus aufgetaucht, zum Beispiel in Duma. Im Nordosten dieser Ortschaft fand man 16 Tote, sie alle mutmaßliche Opfer der offiziellen Streitkräfte.

Kurz nach dem Massaker kam eine regierungstreue Fernsehjournalistin, Micheline Azaz, in die Stadt und filmte und interviewte schamlos hauptsächlich Opfer, die medizinische Hilfe benötigten. In dem vierzehnminütigen Beitrag befragte sie die Verletzten, bevor sie von Rettungskräften weggebracht wurden, Menschen, die sich im Schockzustand befanden oder enorme Schmerzen litten, und wollte von ihnen wissen, ob »Terroristen« ihnen das angetan hätten.

Sie arbeitete für den syrischen Sender Addounia. In dem Video sah man sie bei der Befragung der Opfer, während im Hintergrund klassische Musik lief. Der Kameramann hatte Nahaufnahmen von Leichen auf dem Boden oder in Autos gemacht.

»Wie üblich«, hörte man Azaz atemlos berichten, »sind wir erst gekommen, als die Terroristen ihr Werk schon ausgeführt hatten – das, was sie am besten können: verbrecherische Taten, Morde … und all das im Namen der Freiheit.«

Dann ging sie zu einer alten Frau, die offenbar Todesqualen ausstand und auf einen Arzt wartete. Die Journalistin streckte ihr das Mikrophon hin – man sah ihre perfekt manikürten Fingernägel – und wollte von ihr wissen, wer für all das verantwortlich sei.

Als Nächstes fand sie ein kleines Mädchen, etwa fünf

Jahre alt, das in einem Auto neben einem leblosen Körper saß.

»Wer ist das?«, fragte Azaz das Kind.

»Meine Mutter«, antwortete das Mädchen.

Eine Frau namens Reem, die in Daraja lebte, beobachtete die Journalistin an diesem Tag bei der Arbeit. »Es war entsetzlich«, sagte sie. »Sie war wie ein Geier. Sie wanderte durch die Menschenmenge und sprach mit den Verletzten, als ob sie auf Wasser schwebte, als ob es diese höllischen Szenen um sie herum gar nicht gäbe …«

Wochenlang beschuldigten sich beide Seiten: Die Regierung machte die FSA und andere bewaffnete »Terroristen« für die Morde verantwortlich, die Zeugen, mit denen ich sprach, gaben der Regierung die Schuld.

An meinem letzten Tag in Daraja sahen Regierungssoldaten, wie ich mit Menschen sprach. Bemerkenswert ruhig baten sie mich, die Stadt zu verlassen, statt mich zu verhaften. Ich folgte ihrer Aufforderung. Am nächsten Tag besuchte ich eine Vertreterin der Regierung.

Abeer al-Ahmad war im Informationsministerium[8] für die ausländischen Medien zuständig. Sie saß in ihrem Büro, trank Kaffee, griff ab und zu in eine offene Keksdose auf dem Tisch und war sichtlich wütend. Bevor ich es ihr sagte, wusste sie bereits, dass ich in Daraja gewesen war – niemand kann in Syrien irgendetwas tun, ohne dass die Geheimpolizei davon erfährt.

»Es war ein Gefangenenaustausch mit Terroristen, der außer Kontrolle geraten ist«, behauptete sie beharrlich. »Der Ort ist immer ein Unterschlupf für Terroristen gewesen. Es sollte Teil einer größeren Kampagne in den südlichen Vororten sein, um die oppositionellen Kräfte daraus zu vertreiben.«

Einige Tage später machte sie mich auf eine Verlautbarung des Präsidenten selbst aufmerksam. »Das syrische Volk wird es diesen Verschwörern nicht erlauben, ihre Ziele zu erreichen«, hörte ich Assad sagen. »Was jetzt geschieht, richtet sich nicht nur gegen Syrien, sondern gegen die gesamte Region. Syrien als Eckpfeiler wird von ausländischen Mächten ins Visier genommen, denn sie wollen sich in der gesamten Region ausbreiten.«

»Sie geben also ausländischen Kräften die Schuld an Daraja?«, fragte ich Abeer al-Ahmad.

»Ihnen oder ähnlichen Leuten.« Damit war das Treffen beendet.

Die staatliche Nachrichtenagentur SANA (Syrian Arab News Agency) erklärte: »Unsere heldenhaften Streitkräfte haben Daraja von Überresten bewaffneter terroristischer Gruppen gesäubert, die Verbrechen an den Söhnen der Stadt begingen.« Die »Terroristen« wurden beschuldigt, ihre eigenen Leute abgeschlachtet zu haben.

Der syrische Journalist, mit dem ich zuvor gesprochen hatte, erinnerte sich folgendermaßen:

> »Da gab es die Geschichte von einem kleinen Mädchen, das bei der Flucht vor dem Massaker an ihrer Familie einen syrischen Soldaten bestach. Sie sagte ihm: ›Ich habe 500 syrische Pfund bei mir, nehmen Sie das und töten Sie mich nicht.‹
>
> Er nahm das Geld und tötete das Mädchen nicht. Ein anderes Mädchen bat einen der Soldaten, die auf ihre Angehörigen zu schießen begannen, damit aufzuhören. Sie hätte Ersparnisse, sie würde dem Soldaten alles geben. Er sollte nur ihren elf Monate alten Bruder nicht töten. Sie schossen daneben … und sie und ihr Bruder überlebten.«[9]

Als ich das letzte Mal mit einem Vertreter von Human Rights Watch sprach, sagte er, es gebe kein Anzeichen für Gräueltaten der Freien Syrischen Armee. »Die Hinrichtungen wurden entweder von Regierungskräften oder von mit der Regierung verbündeten Bewaffneten ausgeführt«, lautete das Ergebnis seiner Recherchen.

Ich erinnere mich noch immer an das, was ich in jenen Tagen selbst gesehen habe.

Als wir die Stadt verließen und die Straßensperren passiert hatten, schrie Maryam plötzlich: »Sieh dir das an! Sie haben unsere Moschee zerstört!« Dann verstummte sie, nachdenklich und ernst, und ich hörte kein weiteres Wort mehr von ihr, bis sie später am Abend in meinem Hotel vorbeikam. Dort sagte sie mir, dass »selbst die Franzosen während der Besatzung keine Moscheen zerstört hatten, wenn Menschen dort Zuflucht suchten«. Sie war beunruhigt. Sie erhob die Stimme: »Das ist ein Verbrechen gegen Gott ... und Alawiten glauben genauso wie Sunniten an Gott.« Den Tränen nahe sah sie mich an. Später sagte sie, dass ihr erst in diesem Moment wirklich klargeworden sei, dass die Menschen hier einander umbrachten.

»Warum tun sie das?«

Maryam zuckte die Achsel. »Es gibt keinen Grund. Ich weiß keine Antwort.«

Eine Seite sagt das, die andere etwas anderes. Und die Stadt ist immer wieder in anderen Händen. Ab August 2012 wurde sie von Regierungskräften gehalten, bis es im November 2012 eine Schlacht gab. Die Rebellen siegten, worauf – laut der regierungsnahen Zeitung *Al Watan* – am 20. Dezember nach 20 Tagen heftiger Gefechte die Armee in die letzten von Rebellen gehaltenen Gebiete des Zentrums vordrang. *Al Watan* behauptete, die meisten Kämpfer seien Ausländer gewesen, dies gab der verbreiteten Auffassung von der Übernahme Syriens durch Dschihadisten neue Nahrung. Am nächsten Tag begann die Armee einen massiven Angriff, aber Rebellen berichteten, dass sie in Daraja auf starken Widerstand stieß. Die Regierung behielt die Kontrolle, und die französische Nachrichtenagentur AFP berichtete, dass Assad im August 2013 die »einstige Rebellenhochburg« besuchte, die jetzt von seinen eigenen Truppen beherrscht wurde. Es war sein erster Besuch außerhalb der Hauptstadt seit März 2012, von dem die Öffentlichkeit erfuhr.

Im Dezember 2013 setzten Regierungskräfte in der Stadt Fassbomben ein. Von 25. bis 31. Januar 2014, als sich Vertreter der Vereinten Nationen mit Oppositionsmitgliedern und Regierungsvertretern in der Schweiz zur zweiten Runde der Genfer Friedensgespräche trafen, wurde Daraja weiterhin erbarmungslos bombardiert.[10]

Reporter fragten den syrischen Außenminister Walid Muallim bei den Genfer Gesprächen, warum seine Regierung nicht aufhöre, Fassbomben abzuwerfen. Muallim erwiderte: »Ich möchte Ihnen eine einfache Antwort geben. Wollen Sie, dass [wir] unser Volk verteidigen, indem wir SMS schicken?«

Der in der Fußnote 10 erwähnte Film, gedreht von einem lokalen Kameramann, beginnt mit den Worten: »Es war einmal: vor ein paar Tagen. In einem sehr weit entfernten Land: Syrien.«

Im April 2014 erklärten Regierungsreporter, dass vor allem ausländische Rebellen um Daraja kämpften. Die staubigen grauen Rauchfahnen der Bomben waren von der Schnellstraße aus zu sehen. Als der Rauch sich verzog, konnte man erkennen, dass außer Skeletten von Häusern und Menschen nichts mehr von der Stadt übrig war.

Maryam kam nie zurück.

Einige Monate, nachdem ich Daraja »illegal« betreten hatte, wurde mein Regierungsvisum annulliert. Seit März 2015 reagierte man auf meine Bemühungen, »legal« nach Syrien zurückzukehren, seitens der Regierung mit Schweigen, Drohungen oder Ausreden.

Einmal ist eine syrische Freundin für mich beim Informationsministerium vorstellig geworden. Sie trug meine Bitte vor und erhielt zur Antwort, wenn sie »meinen Arsch retten« und mich davor bewahren wolle, »in ein syrisches Gefängnis geworfen zu werden«, solle sie mir sagen, dass ich nie mehr nach Syrien kommen sollte.

6 Zabadani

Samstag, 8. September 2012

Im Herbst 2012 hatten sich die immer heftiger werdenden Scharmützel im Gefolge der Kämpfe um Daraja überall in Syrien zu einem Krieg ausgewachsen. Das Leugnen und Nicht-Wahrhaben-Wollen, das ein paar Wochen zuvor unter den Angehörigen einer bestimmten Gesellschaftsschicht noch zu beobachten gewesen war, die betont lauten und fröhlichen Partys, das sorglose Geplauder, die verlockenden Abende in der Oper waren verschwunden. Diese Blase war geplatzt. Vier Männer aus Assads engstem Umkreis waren ermordet worden, wahrscheinlich mit Hilfe von FSA-Angehörigen, die die Regierung unterwandert hatten. Überall sprach man vom Fall der Stadt Damaskus. In anderen Teilen Syriens gab es schwere Kämpfe – in Idlib, in Aleppo und in den Vororten der Hauptstadt. Wenn Damaskus fiel, fiel das ganze Land.

Eine syrische Reporterin, die ich über Freunde kennengelernt hatte, lud mich in ihr Haus ein und schrieb mir dann eine SMS, dass ich erst nach Einbruch der Dunkelheit zu ihr kommen solle. Ich solle auch die Treppe, nicht den Aufzug nehmen, damit mich die Nachbarn nicht sahen.

Als sie mir die Tür öffnete, war ihr Gesicht düster vor Sorge. Renda – so will ich sie nennen – war in den 1990er Jahren eine berühmte Journalistin und Kommentatorin gewesen und betrachtete sich selbst als »pro-Assad, aber liberal«. »Ich sage, was ich denke«, hatte sie mir einmal gesagt. »Ich nehme kein Blatt vor den Mund.« Ursprünglich hatte sie sich ausdrücklich hinter Assad und gegen die Rebellen gestellt. Jetzt war sie sich nicht mehr sicher. Sie wollte mich treffen, um mich zu bitten, mit ihr zusammen nach Homs zu fahren, damit sie sich selbst ein Bild von den Zerstörungen machen konnte.

Sie führte mich rasch in ihre kleine moderne Wohnung und sperrte die Tür hinter mir ab. »Ich will nicht, dass jemand von den Nachbarn Sie sieht«, sagte sie. »In den letzten Tagen habe ich alle möglichen Droh-Mails bekommen. Und irgendjemand ruft mich immer wieder an und legt auf, sobald ich mich melde.« Sie zuckte die Achseln. »Es ist der Muchabarat. Was werden sie tun? Sie wollen mir Angst machen.«

Wir setzten uns hin und tranken grünen Tee, und sie berichtete mir, dass sie erst seit zwei Wochen merke, dass ihre Welt aus den Fugen geraten war, dass in Syrien ein richtiger Krieg begonnen und sie die Opposition womöglich falsch eingeschätzt hatte. Sie hatte angefangen, sich Fragen zu stellen darüber, was in Homs, in Aleppo passierte. Sogar in Daraja – sie könne es zwar eigentlich nicht begreifen, aber …

»Erst jetzt? Sie merken es erst jetzt?«

Renda nickte und knetete die Hände in ihrem Schoß. »Es liegt nicht an mir – wer will schon sehen, dass das eigene Land sich in einen Krieg verstrickt? Man vermeidet es, so gut es geht, vermeidet, darüber nachzudenken. Man will es einfach nicht glauben.« Aber jetzt, sagte sie, seien allein 2000 Menschen aus der Hauptstadt geflohen. Flüchtlinge strömten über die türkische, jordanische und libanesische Grenze. Der Winter würde hart werden. »Wenn Syrer als Flüchtlinge in den Libanon kommen, werden die Libanesen sie nicht mit offenen Armen aufnehmen«, fügte sie hinzu. »Schauen Sie sich nur die Situation der Palästinenser dort an.«

Was sie zu diesem Zeitpunkt noch nicht wissen konnte: Zwei Jahre danach sollten über vier Millionen Syrer auf der Flucht sein und die Grenzen in die Nachbarländer Jordanien, Irak, Libanon und Ägypten massenweise überschreiten. Diejenigen, die mehr Glück hatten – aber kann man es nach der Flüchtlingskrise im Spätsommer 2015 noch so ausdrücken? –, gelangten mit Hilfe von Schleppern auf Booten oder zu Fuß nach Europa. Darüber hinaus gab es 2015 innerhalb Syriens neun Millionen Menschen, die aus ihrer Heimatregion vertrieben worden waren. Im Spätsommer 2013 schloss auch Renda ihre kleine Wohnung ab und machte sich auf den Weg nach Beirut. Sie nahm lediglich ein paar Koffer mit und wollte nur einige Wochen bleiben; doch sie blieb monatelang, und am Ende – sie nahm die verflossene Zeit kaum wahr – sollten es Jahre werden.

Eines Morgens erhielten Maryam und ich die Erlaubnis, Maryams Verwandte in Homs zu besuchen, einer Stadt, die geteilt war in die von Regierungstruppen und in die von Rebellen gehaltenen Viertel. Maryams Familie war sunnitisch, aber sie standen auf der Seite der Regierung, nicht nur geographisch, sondern auch politisch. Wir nahmen auch Maryams Mutter Rosa mit, die auf dem Vordersitz Platz nahm. Ich saß auf dem Rücksitz und trug wie die beiden Frauen ein weißes Kopftuch, dazu meine große Sonnenbrille. Rosa versicherte mir, dass ich aussähe wie eine Syrerin. Die Soldaten an den Straßensperren merkten jedenfalls nicht, dass ich Ausländerin war.

»Weiter, weiter, Großmutter«, sagten sie zu Rosa und winkten uns durch. Mit einigen von ihnen schimpfte sie

(»Was würde deine Mutter sagen, wenn sie sehen würde, wie du dich benimmst?«), und als wir in Homs einige Stunden lang an einem Kontrollpunkt festgehalten wurden, erklärte sie einem jungen Soldaten, dass er sich »Erwachsenen« gegenüber gefälligst höflich zu verhalten habe.

»Glauben Sie wirklich, ich bin gern hier, *Teta*?«, fragte er sie. »Glauben Sie, ich bin freiwillig Soldat?« Er und ein paar andere junge Männer zeigten uns das Haus einer sunnitischen Familie, das sie konfisziert hatten und in dem sie jetzt lebten. Ein paar Schlafzimmer, fleckige Bettlaken, Soldaten mit schmutzigen Stiefeln. Drei, vier lungerten um einen Teekessel herum. Es gab keine Telefonverbindung zu ihrem Hauptquartier, und sie wollten uns nicht gehen lassen. Stundenlang unterhielten sie sich mit Rosa, sprachen über ihre Familien, ihren Urlaub, ihre Kinder, ihre Ausbildung.

Endlich ließen sie uns ziehen. »Es sind keine schlechten Menschen«, sagte Rosa, die einst in Damaskus die Frau eines erfolgreichen und vermögenden Geschäftsmannes gewesen war. »Vielleicht schlecht erzogen, aber keine schlechten Menschen. Provinzler. Aber das ist schließlich nicht ihre Schuld.«

Beim Treffen mit Rosas und Maryams Familie, die hauptsächlich aus alten Tanten und einem Onkel bestand, bekamen wir ein aufwendiges, aus vielen Gängen bestehendes Mittagessen serviert. Es war purer Luxus, und es brachte mich in Verlegenheit, weil ich wusste, dass es für diese Menschen schwer war, Nahrung aufzutreiben. »Sei einfach still und iss«, sagte Maryam, als sie mir einen Teller weiterreichte. »Du wirst sie beleidigen, wenn du dich weigerst zu essen, also sag nichts.«

Es gab eine Art dicke Linsensuppe, Reis, ein Brathuhn, es gab Stapel von Fladenbrot und es gab sogar eingemachtes

Obst. Alle saßen ruhig um den Tisch und aßen, während man von der nächstgelegenen Stellung der Regierungsarmee Granatfeuer hörte. Maryam hatte mich eindringlich darum gebeten, mit ihren Angehörigen nicht über Politik zu sprechen. »Sie leben schon so lange unter dem Assad-Regime, dass sie Angst davor haben, mit Fremden zu reden«, sagte sie. »Also frag nichts und bringe sie nicht in Gefahr.« Wir unterhielten uns über klassische Musik, die Oper und das British Museum. Einer von Maryams Cousins hatte während der drakonischen Maßnahmen gegen die Muslimbruderschaft in den frühen 1980er Jahren jahrelang in Hama im Gefängnis gesessen; danach war er nach Aleppo gegangen, um sich dort eine neue Existenz aufzubauen. Maryam hatte mir vor unserem Besuch eingeschärft, nichts davon zu erwähnen. »Wir haben beschlossen, nicht darüber zu reden. Und da jetzt überall vermutet wird, dass radikale Dschihadisten ins Land kommen, muss er sehr vorsichtig sein.«

Eine der älteren Tanten, Rosas Schwester, eine weiche und sanft wirkende Dame, stand auf und zog sich ein Nachtkleid an. Sie sagte, sie werde ein kleines Schläfchen machen. Rosa nahm ihre Kaffeetasse und begleitete sie in das angrenzende Schlafzimmer. Doch kaum hatten die beiden eleganten älteren Damen den Raum verlassen, kamen sie auch schon zurückgelaufen, als eine Bombe irgendwo in der Nähe krachend einschlug.

»Das ist in unserem Leben jetzt die Hintergrundmusik«, sagte der Onkel. »Hatten wir nicht gerade erst über Bach gesprochen?« Er und die Tanten wollten nicht, dass ihre Nachbarn Ausländer bei ihnen sahen, deshalb verließen Maryam und ich abends die Familie, fuhren durch die Stadt und checkten in einem verdunkelten Hotel ein, wo die Geheimpolizei mich an ihren Tisch rief und mich lang und breit über den Grund meines Aufenthalts in der Stadt befragte. Ich zog meine Reiseerlaubnis aus Damaskus aus der Tasche, aber sie hielten mich trotzdem eine Stunde lang fest. Maryam – die etwas schwerhörig ist, deshalb lauter redet als die meisten anderen und bei Ärger auch schrill werden kann – stritt sich mit ihnen, weil sie wollte, dass sie mich gehen ließen. Schließlich taten sie das auch. Die ganze Nacht über hielt der heftige Beschuss an.

Am nächsten Morgen fuhren wir noch einmal zu Maryams Familie zurück, um uns von Rosa zu verabschieden. Sie hatte nicht gut geschlafen und war den Tanten wegen irgendeiner kleinen Sache böse. Wir machten uns auf den Weg nach Latakia, ins Kerngebiet der Alawiten. Wir wollten das Mausoleum von Hafiz al-Assad sehen, Baschars Vater, der von 1971 bis 2000 Präsident Syriens gewesen war. Ein Kontrollpunkt nach dem anderen war zu passieren, bis wir nach Kardaha, der Grabstätte, gelangten. Überall standen steinerne Löwen: Assad heißt auf Arabisch Löwe. Baschars Großvater hatte sich einst diesen Familiennamen zugelegt.

Maryam war sich plötzlich ihres weißen Hidschabs sehr bewusst. »Wir sind jetzt im Land der Alawiten«, sagte sie, als wir vor einem Café mit Blick auf die kargen Berge um Latakia haltmachten. »Ich habe ein komisches Gefühl.«

»Aber du bist Syrerin. Deine Familie lebt ganz in der Nähe.«

»Ich fühle mich hier nicht als Syrerin«, sagte sie. »Dies ist Alawitenland.« Ich hatte Maryam nie zuvor von einem Religionsstreit reden hören. Jetzt gab sie mir einen kurzen Abriss der Geschichte der Alawiten. »Sie fühlen sich anders. Sie *sind* anders.«

Die Alawiten sind eine Religionsgemeinschaft, die dem schiitschen Zweig des Islam zugerechnet wird, und machen etwa zwölf Prozent der syrischen Bevölkerung aus, die zu drei Vierteln aus Sunniten besteht. Wesentliche alawitische Glaubensinhalte unterscheiden sich vom sunnitischen Islam; aus diesem Grund hatten die sunnitischen Machthaber der Region diese Minderheit einst verfolgt. Doch während der französischen Herrschaft in der Zwischenkriegszeit war im Gebiet der heutigen Provinz Latakia ein alawitischer Staat geschaffen worden, in dem die Religionsgruppe vor Verfolgung sicher sein sollte. Die Franzosen hielten Alawiten und Drusen für die einzigen »kriegerischen Rassen« in ihrem Hoheitsgebiet, weshalb Alawiten in großer Zahl in die französischen Streitkräfte integriert wurden und noch immer einen erheblichen Teil der modernen syrischen Armee ausmachen (auf diesem Weg kam auch Hafiz al-Assad an die Macht). Doch ungeachtet ihrer Bedeutung in der Armee arbeiteten die meisten Alawiten im Dienst sunnitischer Grundbesitzer – was die Animosität zwischen beiden Konfessionsgruppen verstärkte.

Als der Kellner kam, um unsere Bestellung aufzunehmen, gab mir Maryam zu verstehen, ich solle still sein. »Gut, dass Mama nicht hier ist«, murmelte sie, als der Kellner gegangen war.

Die Wachen des grandiosen Familiengrabs der Assads, junge Männer in gutgeschnittenen dunkelblauen Anzügen, waren freundlich. Es überraschte sie, eine Ausländerin zu sehen, und sie servierten mir Tee, bevor sie mich ins Innere des mit grünem Marmor verkleideten Mausoleums geleiteten, wo Hafiz und zwei seiner Söhne begraben waren. Während wir Tee tranken, bekam ich einen kurzen Lebensabriss des Herrschers zu hören: dass er der erste Alawit war, der die höhere Schule besuchte; dass er empört war über die Franzosen, die vor der syrischen Unabhängigkeit die Alawiten unterdrückten. Immer wieder schenkten sie mir Tee nach. Die Luft roch würzig nach Rosen und Weihrauch, und ich betrachtete einen leeren Winkel des Gebäudes und fragte mich unwillkürlich, ob wohl auch Baschar al-Assad bald hier ruhen würde.

»Vielleicht sehen wir das hier zum letzten Mal«, sagte Maryam, als wir nach dem Passieren des letzten Löwen die Grabstätte verließen. »Wenn das Regime zusammenbricht, wird die Opposition all diese Gebäude einreißen und dem Erdboden gleichmachen.« Ich drehte mich noch einmal um und nahm es mit allen Einzelheiten in mich auf. In den letzten Tagen der Herrschaft Saddam Husseins im Irak hatte ich es genauso gemacht. Ich hatte von einem ähnlich restriktiven Informationsministerium die Erlaubnis erhalten, von Basra nach Mossul zu fahren, und viele uralte Monumente und archäologische Stätten besucht, in der schrecklichen Vorahnung, dass ich sie danach nie mehr würde sehen können.

Wir fuhren weiter in Richtung der Jibal-al-Alawiyin-Berge. Zum Essen hielten wir an einem Lokal an der Landstraße. Unter uns rauschte ein Fluss. Der blauäugige Kellner – viele Araber der Levante haben blaue Augen, besonders aber Alawiten – setzte sich zu uns an den Tisch. Im Gespräch mit Maryam sagte er, er sei als Kind nach Latakia gezogen. Auch wenn er zu der Minderheit gehöre, die das Land kontrollierte, fühle er sich als Alawit immer als Außenseiter.

Als er gegangen war, sagte Maryam: »Er fühlt sich als Außenseiter? Dieses Land besteht zu 74 Prozent aus Sunniten, aber die meisten Posten in Regierung und Verwaltung sind von Alawiten besetzt.«

Der Kellner servierte uns Mineralwasser. »Die Europäer verstehen uns nicht«, klagte er. »Jeder steht auf der Seite der Rebellen. Aber wir alle, alle Syrer, verlieren so viel in diesem Krieg!«

Zwei Männer am Nachbartisch hörten uns zu. Es waren alawitische Geschäftsmänner, in Anzügen, Zigaretten rauchend. Sie kamen aus Damaskus und hatten *rakia* bestellt, einen Anisschnaps, wie er ähnlich auch in der Türkei und auf dem Balkan gern getrunken wird.

»Dürfen wir uns zu Ihnen setzen?«, fragte einer von ihnen und brachte die Flasche und sein Glas zu uns herüber, bevor wir antworten konnten. Sie wollten wissen, warum ich in Syrien war, was ich von ihrem Land dachte und was ich berichten würde. Maryam war zu klug, um etwas zu sagen, aber ich spürte, wie unbehaglich ihr zumute war. Sie hatte Mut gezeigt, einfach weil sie mit mir zusammen war und mich nach Homs und Latakia gefahren hatte, Orte, die sie Ausländern nicht zeigen sollte.

»Reden Sie ganz offen«, sagte einer der Männer liebenswürdig. »Wir wollen Ihre Meinung erfahren.«

Zuerst plauderten wir höflich, tranken *rakia*, und ich vermied sorgfältig, verfängliche Fragen zu stellen oder bei irgendeinem Thema nachzuhaken. Nach etlichen Gläsern *rakia* fragte ich meine Gesprächspartner, was sie von Männern wie Hussein hielten, die gefangen genommen und in Baba Amr gefoltert worden waren.

Es gab ein fast sichtbares Zurückzucken, dann trat Schweigen ein. Einer der Männer griff nach der Flasche, der andere zündete sich eine Zigarette an. Das Lammfleisch, das der Kellner uns inzwischen gebracht hatte, blieb ebenso wie die Röstkartoffeln unangetastet.

»So etwas passiert nicht«, sagte der Mann, der sich

noch einmal Schnaps eingeschenkt hatte. »Das ist Propaganda.«

»Doch, es passiert«, sagte ich hartnäckig, »auf beiden Seiten.«

Maryam wechselte schnell das Thema und stand abrupt auf. »Wir müssen jetzt zurück nach Damaskus«, sagte sie und gab ihr Bestes, um ein freundliches Lächeln zustande zu bringen. Wir versuchten, unsere Rechnung zu bezahlen, aber das ließen die beiden Männer nicht zu. Dann gingen wir. Maryam schwieg, bis wir wieder im Auto saßen.

»Sie haben nicht gelogen«, sagte sie schließlich. »Sie glauben wirklich nicht, dass so was passiert. Verstehst du, Syrer können es einfach nicht ertragen, dass wir das einander antun. Wenigstens die zivilisierten, anständigen Syrer nicht.«

Sie schwieg dann lange und drehte am Radio herum. Dann sagte sie: »Wir hatten einmal einen gemeinsamen Feind – Israel. Jetzt ist jeder von uns der Feind des anderen.«

Einige Tage später fuhren wir in die Berge nahe Damaskus, nach Zabadani, wo Maryam wegen der guten Luft als Kind oft in den Ferien gewesen war. »Man machte schöne Ausflüge mit der ganzen Familie dorthin. Man kam mal raus aus der Stadt, und man aß gut«, erzählte sie. Jetzt kontrollierte wahrscheinlich die Freie Syrische Armee das Städtchen, und vorher war es so oft hin und her gegangen – erst Regierungstruppen, dann Rebellen, dann wieder Regierungstruppen und wieder Rebellen –, dass sogar Maryam, deren Bruder der FSA nahestand, nicht sicher war, wer es jetzt gerade hielt.

Zabadani hatte vor dem Krieg an einer alten Schmugglerroute zwischen dem Libanon und Syrien gelegen und war mehrheitlich von Sunniten bewohnt gewesen, aber jetzt sah man fast nur noch Soldaten. Die Kämpfer der Al-Schabab-Miliz, die, wie man hörte, von Katar und Saudi-Arabien finanziert werden, hatten alte Gewehre, einige stammten noch von ihren Vätern, die damit auf die Jagd gegangen waren. Es gab keine Panzerabwehrwaffen oder Flugabwehrgeschütze. Die uniformierten Männer trugen Turnschuhe.

Sie berichteten mir, dass Zabadani vor dem Krieg zu den Orten gehörte, an denen Religion und ethnische Zugehörigkeit unwichtig gewesen und nicht zur Spaltung der Bevölkerung benutzt worden waren.

»Es gab ein Zusammengehörigkeitsgefühl in Zabadani, das uns das Regime weggenommen hat«, hatte Mohammed gesagt, ein junger Journalist, dem ich in Beirut begegnet war. Er war in Zabadani geboren und aufgewachsen, aber zu Beginn des Aufstands hatte er fliehen müssen, da er in oppositionelle Politik verwickelt war. »Wir haben uns weniger als Mitglieder irgendeiner ethnischen oder konfessionellen Gruppe gefühlt, sondern eher als *Syrer.*«

Eine der vielen Tragödien dieses Krieges war das Wiedererstarken religiöser Bindungen. Assads Regierung war eine Diktatur, aber wenigstens dem Anschein nach national geprägt; das heißt, dass die Nationalität offiziell mehr galt als die Zugehörigkeit eines Bürgers zu seiner ethnischen Gruppe oder seiner Religion. Deshalb fand Assad tendenziell eher Unterstützung bei Minderheiten wie Alawiten und Christen. War es womöglich der brutale Krieg selbst – und weniger das Regime und Assads politische Schachzüge –, der das Gefühl der syrischen Einheit in Zabadani zerstörte?

Am Tag unserer Ankunft wurde mir berichtet, dass Zabadani 52 Tage lang ohne Unterbrechung unter Beschuss gelegen hatte. Von Damaskus aus fuhren wir zunächst zum Haus einer Bauernfamilie, das hoch über dem Städtchen lag; dann ließ uns der Bauer in sein Auto einsteigen, und wir fuhren hinunter ins Zentrum von Zabadani. Im Hof eines alten Hauses, das die Spuren der heftigen Gefechte zeigte, drängte sich eine kleine Gruppe zusammen. Die Männer saßen herum, sie taten das, was Soldaten überall in der Welt tun, wenn sie auf den Einsatz warten, darauf, angegriffen zu werden oder selbst anzugreifen: Sie rauchten und tranken Tee.

Was sie in ihrem früheren Leben getan hätten, fragte ich sie. Einer war Maurer, einer Lastwagenfahrer, ein anderer Lehrer, wieder ein anderer stammte aus einer Schmugglerdynastie in Zabadani. »Vor 30 Jahren«, sagte er, »schmuggelte auf der Straße zwischen Damaskus und Zabadani jeder irgendwas. Levis-Jeans, Zigaretten, Elektrogeräte, alles Mögliche.«

Als er merkte, dass der ganze Hof ihm zuhörte, fuhr der Mann fort: »Einmal hab ich eine Ladung Lacoste-Hemden bekommen, echte, mit dem Krokodil …«

Dann plötzlich ohrenbetäubendes Maschinengewehrfeuer vor der Tür. Er hörte auf zu reden. Jemand kam herein und gab ihnen Befehle. Wir rannten in ein anderes Gebäude.

Als Lazarett diente an diesem Tag ein ehemaliges Möbelgeschäft. Alle paar Tage zogen die Ärzte woanders hin, denn kaum fanden die Regierungstruppen den Standort des Hospitals heraus, beschossen sie es. Als ich eintraf, war ein Arzt gerade dabei, die Beinwunde eines jungen Soldaten zu vernähen. Der Mann, keine 20 Jahre alt, war von einer Granate getroffen worden. Der Doktor arbeitete langsam und sorgfältig, zog den Faden durch die Wundränder und sprach dabei ruhig mit seinem Patienten, der keine Miene verzog.

»Nach Daraja«, sagte der Arzt (er bezog sich auf die dortigen Kämpfe einige Wochen zuvor), »gibt es kein Zurück mehr. Am Anfang wussten wir eine Zeitlang nicht, ob das alles wirklich passiert oder ob wir träumen – vielleicht war es damals noch nicht der wirkliche Krieg, der echte Krieg.« Er verknotete den Faden und schnitt die Enden mit einer kleinen Schere ab. »Und jetzt arbeite ich in einem Möbelladen und versuche, Leben zu retten. Wir sind in den letzten zwei Wochen sechsmal umgezogen, weil wir immer wieder getroffen wurden. Wir sind völlig zermürbt.«

Er führte mich durch den kleinen Raum und stellte mir die anderen Patienten vor: Kinder mit Granatsplittern im Körper, ein weiterer Soldat mit einer Kopfwunde. Bevor ich ging, bestand er darauf, dass ich einen kleinen Erste-Hilfe-Kasten mitnahm, obwohl ich ihm sagte, dass ich ihn nicht bräuchte. »Bitte. Sie werden ihn brauchen. Sie müssen ihn mitnehmen.«

Als ich schon wieder an unserem Auto war, kam seine Frau herausgelaufen. Sie hatte ein Geschenk für uns, ein paar sorgfältig gewaschene Birnen von den Obstbäumen in Zabadani.

»Unsere Stadt war einmal berühmt dafür«, sagte sie. »Sie waren einmal so süß.«

Am 22. Februar 2012 um zehn Uhr Mitteleuropäischer Zeit – ich hielt mich mit LR in Belgrad auf –, rief mich jemand aus Beirut an, um mir zu sagen, dass die Journalistin Marie Colvin tot sei. In Baba Amr, einem Stadtteil von Homs, war sie bei einem Artillerieangriff auf ein Haus getötet worden. Einige Wochen zuvor hatte ich sie noch gesehen, wir hatten von unseren Freunden gesprochen, von Kleidern, von der Arbeit, von großen Zielen. Als der Anruf kam, war ich gerade im Fitnesscenter. Ich ging zurück in den Umkleideraum und saß lange wie betäubt auf einer Bank an der Wand: Wie viele Kolleginnen und Kollegen würden in diesem Krieg noch sterben?

Marie war 58 Jahre alt geworden. Sie hatte schon viele gewalttätige Konflikte erlebt. Hatte ein Auge verloren, als sie in Sri Lanka arbeitete, und war nach einer schwierigen Phase der Rekonvaleszenz mit einer Augenklappe zurückgekehrt. Sie klagte fast nie. Jetzt, mit fast 60, in einer Zeit, in der ein völlig neuer Typus von Kriegsreportern nachgewachsen war, wollte sie ein friedliches Leben beginnen, wollte schreiben und lesen und mit dem Segelboot das Meer befahren. Sie sagte mir einmal, das Buch, das ihr Leben verändert habe, sei John Herseys *Hiroshima* gewesen. Sosehr sie sich verpflichtet gefühlt hatte, über den Krieg zu berichten – diese spezielle Reise nach Homs hatte sie nicht machen wollen; sie hatte ein mulmiges Gefühl gehabt. Aber sie reagierte professionell und fuhr hin. Als die Schießereien und Bombardements in Homs schlimmer wurden, hatte sie heimreisen wollen, aber es war schon zu spät gewesen. Es ist gewöhnlich zu spät, wenn man diesen Entschluss fasst. So endete ihr Leben in einem fremden Land, mitten in einem Krieg.

Ich buchte sofort einen Flug nach London, und mein Freund LR fuhr mich zum Flughafen. Während der Fahrt schwiegen wir. Das Telefon läutete ununterbrochen – Maries Tod war wie ein Weckruf für so viele von uns, die diese Arbeit machen.

Sie sei schnell gestorben, hieß es, doch ihre Leiche lag in

Homs, und es bedurfte komplizierter Verhandlungen, um sie nach Hause zu bringen. Schließlich wurde sie nach Beirut gebracht und von dort nach Long Island geflogen, wo sie aufgewachsen war. Am Ende, so nahm ich an, fand sie ihren Frieden. Aber ihr Sterben in Homs kam mir danach ständig in den Sinn. Der einzige Trost für mich war, dass jemand, der in diesem Moment bei ihr war, gesagt hatte, sie habe nicht lange leiden müssen. Vielleicht wusste sie nicht, was ihr bevorstand, aber ich musste immer wieder an ihre letzten Momente denken, als sie im obersten Stock eines Hauses in Baba Amr von den krachenden Detonationen in der Nähe erwachte, die Treppe hinunterrannte, sich Schuhe anzog und sich hinunterbeugte, um sie zu binden, und dann von der Explosion erfasst wurde. Nie mehr nach Hause fahren, sich nicht von den Menschen verabschieden können, die man liebt, die letzte Geschichte bleibt unerzählt.

Danach hatte ich jedes Mal Angst, wenn ich nach Syrien fuhr. Und das war gut. Ich war wie befreit, als ich merkte, dass das Gefühl, das die meisten Menschen bei der Reise in eine der gefährlichsten Regionen der Welt erfassen würde, endlich auch in mir erwachte. Es wirkte sich kaum auf die Art aus, wie ich arbeitete, aber es verlangsamte meine Handlungen, besonders als der IS auf den Plan getreten war und die Entführungen begannen.

Nach meiner zweiten Reise nach Damaskus 2012 mit einem Regierungsvisum kehrte ich nach Paris zurück und dachte oft an einen kleinen Jungen, den ich in Homs kennengelernt und mit dem ich einen bezaubernden Nachmittag verbracht hatte. Abends hatte der Beschuss durch Heckenschützen begonnen, und seine Großmutter hatte herumgeschrien, aus Angst, dass jemand sie mit einer Ausländerin im Haus antraf. Sie sorgte dafür, dass ich das Haus verließ, als es dunkel wurde.

Ich nahm ihr das nicht übel. Sie wollte nicht sterben. Sie wollte nicht, dass plötzlich der Muchabarat bei ihr auftauchte und alles auf den Kopf stellte, weil sie eine ausländische Reporterin bei sich aufgenommen hatte.

Der Junge war schon seit Monaten nicht mehr draußen gewesen, ihm war langweilig, seine Freunde fehlten ihm. Das ganze frühere Leben fehlte ihm, das nach den Protestmärschen zum Stillstand gekommen war.

Seine einzige Unterhaltung war *Kevin – Allein zu Haus*, das einzige Video im Haus, das er sich immer wieder ansah. Wie man an kalten Februartagen auf das Ende des Winters wartet, wartete er darauf, dass die Normalität zurückkehrte. Darauf, dass er zum Spielen wieder nach draußen durfte und seine Klassenkameraden wiedersah, die vor Monaten nach Beirut oder London oder Paris geschickt worden waren, wo sie sicher sein konnten vor dem Krieg; er wünschte sich, dass endlich die Schule wieder anfing.

»Wann hört es auf?«, fragte er ernst. Kinder brauchen für ihre innere Stabilität einen festen Rhythmus, eine zeitliche Ordnung. Als Mutter wusste ich das. Mein Sohn ist schon verwirrt, wenn er nicht weiß, ob er in der Wohnung seines Vaters oder seiner Mutter schlafen wird, und wer ihn von der Schule abholt.

»Und wie viele Tage dauert es noch bis Mittwoch?«, fragt er mich immer. »Und wie viele Monate ist es bis Weihnachten? Und wann ist Sommer?«

»Also, wann ist der Krieg zu Ende?«, fragte mich der kleine Junge.

»Bald«, erwiderte ich in dem Bewusstsein zu lügen. Ich

kniete mich hin und nahm sein kleines Gesicht in meine Hände. »Ich weiß nicht, wann es sein wird, aber einmal wird er aufhören«, sagte ich. Ich küsste ihn zum Abschied auf die Wange und log erneut.

»Alles wird wieder gut.«

7 Homs, Bab-al-Sebaa-Straße

Sonntag, 14. Oktober 2012

Es war Herbstanfang in Homs, die Hitze ließ allmählich nach, es wurde kühler. Ich war zurückgekommen, wieder mit einem Visum der Regierung und einer strengen Weisung von Abeer: »Achten Sie auf Ihr Benehmen. Halten Sie sich an die Wahrheit. Hören Sie auf, Lügen über das syrische Volk zu verbreiten.«

Ich bat sie, mir eine Reise mit der syrischen Armee zu erlauben, und sie sagte, sie werde darüber nachdenken. »Ich bin mir nicht sicher, dass Sie die Wahrheit über unseren Kampf schreiben werden«, sagte sie argwöhnisch. Doch schließlich rief sie mich an einem frühen Morgen noch vor dem Frühstück an. »Sie können gehen«, sagte sie. »Gehen Sie, schauen Sie sich unsere tapferen Jungen an und sehen Sie, was die Terroristen ihnen antun.«

Ich fand mich also auf der anderen Seite der Stadt, der anderen Seite des Krieges wieder. Rein formal war ich nun Kriegsberichterstatterin innerhalb der Syrischen Arabischen Armee (SAA), der kämpfenden Einheit der syrischen Streitkräfte, die Syrien seit 1946 kontrollieren. Die Einheit, der ich zugeteilt wurde, versuchte, einen Heckenschützen auszuschalten, der die Soldaten aus einem zerschossenen, ausgehöhlten Gebäude heraus bedrohte. Wir mussten uns kriechend vorwärtsbewegen, denn der Heckenschütze war ganz in der Nähe; er konnte uns durch seine Fensterhöhlen sehen.

Ich war mit Rifaf zusammen, dessen Name übersetzt das zarte Geräusch flatternder Vogelflügel bezeichnet. Er hatte eine Kalaschnikow und wartete auf die nächste Salve aus einer großkalibrigen automatischen Waffe. Rifaf war nervös, und ich war ihm so nah, dass ich seine Wangenmuskeln zucken sah und die Zigarette riechen konnte, die er gerade geraucht hatte. Seine Spannung sprang auf mich über. Angst hat ihre eigene Physiologie.

Wir erreichten Bab al-Sebaa zu Fuß, nachdem wir über verlassene Boulevards gerannt waren und uns immer wieder in leeren Häusern versteckt hatten. Man fährt in das letzte sichere Gebiet, dann müssen die Fahrzeuge verlassen werden. Die Armee hatte mich durch ein Gewirr von Gebäuden geführt. Wir krochen durch Tunnels, Durchlässe in Häuserwänden, die »Mauselöcher« genannt werden. Sie erlauben es den Soldaten, von einem Gebäude zum nächsten zu gelangen, ein Hindernis nach dem anderen zu überwinden, ohne sich auf die offene Straße begeben und sich dem Feuer von Granaten und Scharfschützen aussetzen zu müssen. Es gab auch Bereiche, die durch Trampelpfade quer durch eingestürzte Häuser verbunden waren, und wir bewegten uns auf improvisierten Brücken über Holz- und Scherbenhaufen und Bauschutt.

Es ging nur langsam vorwärts. Eine Stunde brauchten wir, um unser Zielgebäude zu erreichen. Normalerweise hätten wir für den Weg nicht länger gebraucht als fünf Minuten.

Das Informationsministerium hatte eine Aufpasserin mitgeschickt, die mich bewachen sollte. Shaza war Mitte 30, eine mutige, offenherzige Frau, die Assad vorbehaltlos unterstützte. Sie musste mich nicht zur Frontlinie begleiten, aber sie wollte selbst sehen, wie es für die »Jungs« war. Sie hatte durchaus Humor. »Das nächste Mal«, sagte sie keuchend, während wir wieder einmal durch ein Mauseloch robbten, »solltest du kein rosa Kopftuch tragen. Die Scharfschützen können dich sehen.«

Die Männer, die der Einheit in der Umgebung von Bab al-Sebaa angehörten, waren sehr jung; bis auf ein paar ältere Berufsoffiziere hatten sie ihren Dienst gerade erst angetreten. Sie waren sehr müde. Doch trotz ihrer Übernächtigung und ihrer trüben Augen wahrten sie im Umgang mit mir die Form. Sie waren überrascht und neugierig und begrüßten mich höflich. Ich erlebte glücklicherweise nicht das schreckliche Machogehabe, das ich mir ausgemalt hatte. Nur manchmal schoss ihnen das Adrenalin durch die Adern, und sie reckten die Fäuste in die Luft und skandierten: »Gott! Syrien! Syrien und Gott!« Doch selbst dieser Kriegsschrei wirkte irgendwie erschöpft.

Als wir über Trampelpfade die Stadt durchquerten, zeigten sie mir ihre Stellungen. Es gab Soldaten, die allein mit ihren Waffen im ersten oder zweiten Stock von wenig exponierten Gebäuden lagen; es gab Scharfschützen in den höheren Etagen; und es gab kleine Einheiten von vier oder fünf Männern. »Wenn du allein bist, ist es einfach un-eräg-lich langweilig«, sagte einer von ihnen.

»Haben Sie manchmal Angst?«

Der Junge, der sich über die Langeweile beklagt hatte, stand auf und kam näher. »Nur Idioten haben keine Angst.« Genau in diesem Moment wurde das Maschinengewehrfeuer im Hintergrund lauter. Er nahm seine Waffe und lief zurück zu seiner Stellung.

Der Kommandant von Rifafs Einheit – er wollte mir seinen Namen nicht sagen, nannte sich nur M. – sagte, er wisse nicht genau, wie viele Soldaten der Rebellen, damals zumeist Angehörige der Freien Syrischen Armee (FSA), sich noch in Homs aufhielten. Sie hatten aus der Altstadt ihre Festung gemacht. Zwischen 1500 und 2000 Mann sollten sich dort aufhalten.

»Aber niemand weiß es genau«, sagte M. Es seien »hinreichend geeignete, manchmal gute« Kämpfer. »Sie wissen, was sie tun«, fuhr er fort. »Aber wir sind mehr, wir sind mächtiger, und sie können nur versuchen, uns zu zermürben.«

Ich dachte an Hussein, während ich mich dort aufhielt, Hussein, der in Homs von Assads Männern gefoltert worden war – von Kameraden der Männer, mit denen ich jetzt zusammen war. Aber es fiel mir schwer, Rifaf nicht zu mögen, und ich wollte hören, wie seine besondere, persönliche Version der Ereignisse lautete. Für ihn stellte es sich so dar: Die Alawiten gehörten zu einer Minderheit, die in der syrischen Geschichte schon immer unterdrückt worden war. Ständig wurden sie gedemütigt und verfolgt, und jetzt waren sie durch die Radikalisierung und Dschihadisierung ihres Landes akut gefährdet.

»Aber bestimmt kämpfen nicht alle FSA-Leute für den Dschihad«, sagte ich. »Gibt es nicht zumindest einige von ihnen, die für ein demokratisches Land ohne Assad in den Krieg gezogen sind?«

»Ich bin ja eigentlich kein politischer Mensch«, erwiderte Rifaf ausweichend. »Ich tue nur, was man mir sagt.« Als ich ihm davon erzählte, dass ein Militärarzt des Assad-Regimes Hussein die Eingeweide aus dem Bauch geschnitten hatte, war er entsetzt.

Wie jeder Soldat, dem ich in einem Krieg begegnet war, wünschte sich Rifaf, er wäre irgendwo anders und nicht gerade hier, in diesem kalten Raum, wo er geduckt darauf warten musste, dass ein Heckenschütze auf ihn feuerte. »Da ist er«, sagte er und bückte sich noch tiefer, um durch ein Loch unterhalb eines vergitterten Fensters hinauszuspähen. Er zeigte mit dem Kinn zu einem zerbombten Gebäude weniger als 300 Meter entfernt. Das Haus, eine ehemalige Schule, war ein Waffendepot. Die Regierungstruppen hofften, es bis zum Ende dieses Tages einnehmen zu können. Rifaf sagte, wir müssten noch Stunden warten, der Heckenschütze habe schon den ganzen Tag geschossen, er habe genug Munition.

Das ist Krieg, dachte ich: das Warten auf die Einnahme des nächsten halben Meters, des nächsten Zimmers, des nächsten Gebäudes, der nächsten Straße, schließlich des nächsten Stadtviertels. Es ist nervtötend. So viel Zeit verbringt man damit, sich eine Zigarette anzuzünden, darauf zu lauschen, das wieder ein Schuss fällt, dass ein neues Ziel ausgegeben wird. Ein Gebiet zurückzuerobern geschieht nicht durch das Abfeuern von Gewehren; es ist ein methodischer und langwieriger Prozess.

Man hört ein Maschinengewehr.

Der Raum, den Rifaf und seine Einheit (seine »Brüder«) zu ihrem »Nest« gemacht hatten, war einmal jemandes Schlafzimmer gewesen, in einem Haus, das schon lange von seinen Bewohnern verlassen war. Das Zuhause jenes einstigen Bewohners ist zur Stellung von Scharfschützen geworden. Seine Kleider, seine Fotos, sein Leben, all das ist ausgelöscht worden.

Man hört erneut das Maschinengewehr und den scharfen Klang der Waffe, die das Feuer erwidert. »Stunden, Tage vielleicht, um ein einziges Gebäude einzunehmen«, sagt Rifaf leise. »So funktioniert es. Wir erobern einen halben Meter, und sie erobern ihn zurück. Sie erobern einen halben Meter, und wir erobern ihn zurück.«

»Es ist ein Katz-und-Maus-Spiel«, sagt ein anderer Soldat, der in einer Ecke nicht weit von uns entfernt Stellung bezogen hat.

»Wer ist die Katze, und wer ist die Maus? Sie oder der Heckenschütze?«

Rifaf lachte. Er gab keine Antwort.

Den ganzen Sommer, während Hussein in einem Krankenhausbett lag und sich von den tiefen Wunden in seinem Bauch erholte, ging in Homs der Krieg weiter: unklar, tödlich und langsam. Er bewegte sich unaufhaltsam weiter. Die Soldaten, mit denen ich hierhergekommen war, warteten: auf den richtigen Moment, um den feindlichen Soldaten gegenüber auszuschalten, auf den richtigen Moment, um das Gebäude zu stürmen, auf den richtigen Moment, um nach Hause zu gehen. Gelegentlich, vielleicht wenn sie sich daran erinnerten, warum sie hier waren, sangen sie:

Mit unseren Herzen,
Mit unseren Seelen
Kämpfen wir für dich, Assad!

Als die syrische Regierung Anfang Oktober 2012 eine neue Offensive in Homs startete, wurde Rifaf und seiner Einheit diese Stellung und ein klares Ziel zugewiesen: Sie sollten das von Rebellen gehaltene gegenüberliegende Gebäude erobern. Das bedeutete Nahkampf im Stadtgebiet, ähnlich wie bei der Belagerung von Sarajevo, beim ersten Tsche-

tschenienkrieg oder bei der Schlacht um Beirut. Britische Militärs nennen das Offensive Operations in Built Up Areas (OBUA), Amerikaner sprechen von UO, Urban Operations: Häuserkampf.[11] Für solche Operationen braucht man Waffen und Soldaten in ausreichender Zahl, und es muss immer für genügend Nachschub gesorgt sein. In Städten kann nur so gekämpft werden. Rifaf und seine Einheit versuchten ständig, an Boden zu gewinnen – wenn die Offensive nicht zum Ziel führte, würden sie ihre Stellung in der Region verlieren.

Bevor ich von Damaskus nach Homs gereist war, hatte mir Darren White, ein Militär- und Sicherheitsexperte aus London, erklärt, wie präzise bei dieser Art der Kriegsführung vorgegangen werden muss. Es sieht einfach aus – man bewegt sich um Gebäude herum, nimmt immer wieder kleine Gebiete ein. Aber laut White braucht es dafür »kontrolliertes Handeln, gute Befehlshaber und gutes Mikromanagement. Genau das, was die Russen machten, als sie bei der Schlacht um Berlin im Frühjahr 1945 den Reichstag einnahmen. Es hat zehn Tage gebraucht, um ein einziges Gebäude zu sichern.«

Im Herbst 2012 gewann die syrische Armee in Homs. Aber es war eine konventionelle Armee, die Soldaten waren auf konventionelle Weise trainiert worden. Sie kamen aus dem ganzen Land, die Stadt war ihnen nicht vertraut. Die FSA hingegen bestand aus lokalen Kräften, sie kannten das Gelände, sie waren im Guerillakampf ausgebildet. Sie verteidigten die Stadt und konnten den Vorteil von Abwehrfeuer und Deckung nutzen. Rifaf verglich die Rebellen mit Boxern, die permanent Jabs einsetzen und den Gegner damit zwingen, seine Deckung oben zu halten. Eine zermürbende Taktik. »Man ärgert den anderen, macht kurze, harte, überfallartige Attacken. Das ist auf die Dauer tödlich.«

Eine Stunde vergeht. Ein Päckchen Zigaretten ist fast aufgeraucht. Man beurteilt die Zeit nicht mehr nach der Uhr am Handgelenk, sondern danach, wie viele Zigaretten angezündet werden. Ab und zu sagt jemand etwas Ermutigendes, wie: »Wir kriegen diese Schule schon noch … irgendwann« oder: »Es ist nur eine Frage der Zeit.«

Die Sonne ging unter. Rifaf musste mit dem Kommandanten reden, also krochen wir vorsichtig zurück auf eine Straße. Jemand bemerkte, dass das beste Gymnasium von Homs einst hier gestanden hatte, und deutete auf einen zerschossenen Gebäudekomplex. In einer anderen Zeit hatten hier Schüler in Cafés gesessen oder waren mit ihren Rucksäcken durch die Straßen spaziert. Jetzt sah es aus wie eine postapokalyptische *Mad-Max*-Szenerie von in die Luft geflogenen Verschanzungen und ganzen Häuserzeilen, die in Schutt und Asche lagen.

Shaza führte mich in ein altes Gebäude, das die Rebellen der FSA vor kurzem aufgegeben hatten. Es stand an einer anderen Frontlinie in der Nähe. Medizinisches Material – leere Schmerztablettenschachteln, gebrauchte Spritzen, schmutzige Verbände – und blutgetränkte Kleider lagen herum. Es war ein Notlazarett gewesen. Shaza verschwand in eine dunkle Ecke und kam mit triumphierender Miene zurück. Sie zeigte mir einen rostigen Fleischerhaken an einem Türrahmen.

»Das hier haben die Rebellen benutzt, um *unsere* Soldaten zu foltern«, sagt sie. »Sie sagen, wir foltern sie – aber in Wahrheit foltern sie Assad-Soldaten, die sie gefangen nehmen.« Sie schob mich in einen Raum und ließ mich den Fleischerhaken untersuchen. Getrocknetes Blut klebte daran.

»Glauben Sie, *wir* haben das Ding mit Blut beschmiert?«, fragte sie mit einem eindringlichen Blick.

»Ich weiß nicht. Habt ihr?«

Shaza drehte sich um und ging.

Das Gebäude, in dem auch verwundete FSA-Soldaten behandelt worden waren, war nach zwei Tagen Kampf gefallen. Das erfuhr ich von einem Soldaten der SAA. Die Rebellen hatten die Stellung binnen weniger Minuten verlassen, als sie erkannten, dass sie besiegt waren. Sie hatten zwei rostige Sprengfallen, ein paar schmierige, zusammengeknüllte Kleidungsstücke und einen einzelnen Turnschuh hinterlassen. Im Hof war ein tiefes Loch. Shaza stand mit einem Soldaten am Rand und spähte hinein.

»Da unten sind Leichen«, sagte sie schließlich. »Die FSA-Leute haben unsere syrischen Jungs gefangen genommen und getötet und dann haben sie sie hier in dieses Loch geworfen.« Sie nahm meinen Arm und zog mich mit sich. Am Loch angekommen, ging sie in die Knie und versuchte, in der Dunkelheit irgendetwas zu erkennen.

Während der Gewaltausbrüche nach dem Unabhängigkeitsreferendum 1999 in Dili, Osttimor, hatten mich Einheimische zu einem Brunnen in einem üppig grünen ummauerten Garten geführt. Sie schoben mich an den Brunnenrand, damit ich die Leichen in der Tiefe sah; angeblich waren es Dutzende. Ich sah zwei oder drei. Sie schwammen an der Oberfläche, dunkelrot, aufgebläht und entstellt, aber ich konnte viele weitere unter der Wasseroberfläche erkennen. Eine Hand war nach oben in die Luft gereckt, und ein Fuß. Einer der Einheimischen hatte einen langen Stock und stocherte in der Masse toten Fleisches herum. Sie wollten, dass ich fotografierte, dass ich darüber schrieb, sie wollten mich zu weiteren Leichen führen, die in Abflüssen und Kanälen trieben.

Wie in Trance hatte ich aufgeschrieben, was ich sah. Ich hatte unentwegt in mein Notizbuch gekritzelt und war dann auf den Beifahrersitz des Motorrollers eines Mannes geklettert, eines ehemaligen Fischers, den ich während meiner Arbeit dort angeheuert hatte. Wir fuhren in einen anderen Teil der Stadt und entdeckten weitere Leichen. Nach einer Weile hörte ich auf zu zählen, wie viele es waren. Sie schienen überall zu sein – in den Abflussgräben, über die ich sprang, auf der Straße, in dem dichten tropischen Wald. Dieser Ort einer verschwenderischen Schönheit war zugleich Heimstätte von etwas abgrundtief Bösem gewesen. Wenn ich an Timor dachte, überwältigte mich immer wieder die Erinnerung an die Leichen, den Gestank der toten Körper, die in der Sonne verfaulten. So war es auch in Ruanda gewesen.

Jetzt sagte Shaza, niemand wisse, wer in diesem Loch gewesen sei, wie viele es waren und woher sie kamen. »Jetzt sind keine Leichen mehr darin«, sagte sie, während sie immer noch am Rand kniete und ins Dunkle spähte. Sie schlug vor, dass wir mit einem ranghohen Offizier sprachen, der sich in einem anderen Gebäude aufhielt. Der Weg zu ihm führte durch die üblichen Mauselöcher in den Ruinen.

General Baba saß in seinem »Büro«, einem ausgebrannten Laden. Er war um die 40, kam aus Tartus an der Küste und war der Sohn einer alawitischen Bauernfamilie. Er war seit Wochen an der Front.

Wie viele Männer er befehligte, wollte er uns nicht sagen.

»Das ist geheim«, sagte er. Es klang wie einstudiert. Er bat einen seiner Soldaten, uns auf einem Campingkocher Kaffee zu kochen – er schmeckte überraschend gut. Er nahm sich drei Löffel Zucker in seine Tasse und zündete sich eine Zigarette an.

»Waren Sie schon mal in Tartus?«, fragte er mit ungekünsteltem Interesse. »Es ist wirklich schön. Sie sollten nicht nur die Teile Syriens besichtigen, in denen Krieg herrscht.« Er sprach von seiner Heimatstadt wie ein Fremdenführer – als gäbe es dort keinen Krieg.

Ich war einmal bei Freunden in Tartus gewesen, Assad-treue Sunniten, die eine Wohnung mit Meerblick besaßen. Es war zu Beginn des Krieges gewesen, und sie hatten sich im ersten Stadium der Verleugnung der Tatsache befunden, dass ihre Landsleute einander umbrachten. Sie nahmen mich mit in ihre Wohnung am Strand, weil man dort die Spannungen in Damaskus vergessen konnte, und wir fuhren durch das grüne alawitische Herzland und machten ab und zu Rast in schlichten Cafés mit Holztischen mitten in den Bergen.

Spät in der Nacht kamen wir an, und am nächsten Morgen machten wir einen Spaziergang am Strand und tauchten die Füße ins Mittelmeer. Ich sah die Küste, die sich hinter dem Horizont weiterzog bis nach Gaza und Libyen. Wir schliefen bei offenen Fenstern, und es war ruhig. Aber morgens saß die alte Mutter meiner Freunde vor dem Radio und sagte, es gebe schwere Kämpfe bei Damaskus. Die Straße werde gesperrt. Wir packten rasch unsere Sachen, beendeten die Reise und fuhren zurück in die Hauptstadt.

General Baba hatte unweit dieses Strandes seine Kindheit verbracht. Als ich ihm meine Eindrücke schilderte, nickte er freudig: »Genau dort ist es – das Haus meiner Familie ist ganz in der Nähe.« Er habe Sunniten als Freunde, sagte er, wie auch Schiiten und Juden und Christen. »Als Kinder haben wir alle immer gesungen: ›Eins, eins, eins, alle Syrer sind eins‹.«

Auch die anderen Soldaten im Raum erinnerten sich an dieses Lied, und einer von ihnen stimmte es leise an.

»Wir haben nicht konfessionell gedacht«, sagte General Baba. »Ich weiß, Sie glauben mir nicht, aber es ist die Wahrheit.«

Er trank noch eine Tasse Kaffee und rauchte noch eine Zigarette. Dann gab es einen Anruf über Funk, und sein Gesicht verdüsterte sich. Jemand war getötet worden.

»Ich muss gehen«, sagte er. »Dort drüben hat wieder ein Angriff begonnen.« Er zeigte mit der Hand, wo es war. »Und Sie sollten auch gehen, oder Sie werden die nächsten zwei Tage hierbleiben müssen.«

Wie viele Männer hatte er schon verloren?

Baba gab zunächst keine Antwort. Schließlich sagte er: »Ungeheuer viele.«

Nachdem ich ihn verlassen hatte, rannte ich durch die Seitenstraßen und arbeitete mich langsam zu meinem Auto zurück, das ich in der letzten sicheren Straße abgestellt hatte. Im Laufschritt brauchte man etwa 15 Minuten von der Frontlinie bis in die kleine Enklave namens Almahata. Dort war alles wunderbar ruhig und friedlich. Studentinnen in hübschen Kopftüchern und sorgfältig gebügelten Jeans tranken Smoothies und rauchten Shisha. In Friedenszeiten hätte ich hier mit Rifaf im Café sitzen und einen Tee trinken können, wie es normale Menschen tun.

Weniger als 24 Stunden später eroberte Rifaf mit seiner Einheit die Schule. In der Nacht hatte die FSA weitere Scharfschützen geschickt, um die Stellung zu verteidigen, aber Rifaf sagte, sie hätten sie »ausgeschaltet«. Er schien über den Sieg nicht glücklich zu sein. Sie alle waren viel zu erschöpft.

»Um fünf Uhr früh war der Kampf zu Ende«, sagte er krächzend. »Ich muss jetzt schlafen, weil wir heute Nachmittag wieder raussollen. Ich hab Halsweh. Ich werde krank. Ich muss gehen.« Ich sah Rifaf nicht wieder, aber das scharfe Geräusch des Gewehrfeuers aus dem zerschossenen Schulhaus kam mir immer wieder in den Kopf, und ich roch den Rauch von Rifafs Zigaretten noch in meinen Haaren.

Shaza wollte, dass ich mit »normalen Menschen« sprach.

»Ich freue mich, dass es wieder Verkehr gibt«, sagte sie gutgelaunt. »Das bedeutet, dass die Menschen aus ihren Häusern kommen und sich nicht mehr vor den Kugeln verstecken.« Homs ist die drittgrößte Stadt Syriens, aber es ist keine sehr große Stadt. Und doch steckten wir auf der Fahrt ins Rathaus etwa eine Stunde im Stau. Shaza wollte mir zeigen, wie die Menschen dort in »Kriegsschichten« arbeiteten: Sie kamen für einen halben Tag ins Büro und wechselten sich mit anderen Angestellten ab; jeder machte dort weiter, wo der andere aufgehört hatte, denn es gab nicht genügend Arbeitsplätze und Computer für alle.

Bei dieser Gelegenheit stellte sie mir eine ihrer Freundinnen vor.

»Es gibt Menschen hier, die nur noch hassen«, sagte Mayada, eine Ismailitin (die Ismailiten sind eine schiitische Minderheit), die mit einem Alawiten namens Saadij verheiratet war. Sie hatte uns eingeladen in ihre Wohnung im zweiten Stock eines Hauses in einem anderen Viertel von Homs und kochte uns Tee. »Aber es gibt auch einige, die sich viel nähergekommen sind, weil es Menschen wie mich gibt, die neutral bleiben. Wir schließen uns mit unseren Nachbarn zusammen, weil wir alle es leid sind. Man hört ständig etwas von Homs, dem Schlachtfeld. Aber was ist mit den Menschen, die einfach lernen, mit den Bomben zu leben?« Saadij betrat das Zimmer, in dem wir saßen. »Dies ist das Land von Moses, Mohammed und Jesus«, sagte er. »Wir haben unseren Kindern immer beigebracht, dass sie in erster Linie Syrer sind. Nicht Alawiten. Dass sie gute Jungen sein sollen. Gute Syrer. Gute Menschen. Überall denkt man, wir würden uns gegenseitig massakrieren, aber wir haben unsere Kinder so erzogen, dass sie lieben sollen, nicht hassen.«

»Da drüben wird Krieg geführt«, wendete ich ein und deutete in Richtung Bab-al-Sebaa-Straße, »und dieser Krieg ist die Frucht des Hasses.«

»Die Leute, die da kämpfen, kämpfen für Politiker und fremde Interessen, nicht weil sie sich gegenseitig hassen«, sagte Saadij.

»Die FSA sagt, sie kämpft für die Freiheit«, entgegnete ich.

Und Saadij antwortet: »Sie können ihre Freiheit behalten, wenn wir diesen Preis dafür bezahlen müssen.«

Ende Oktober 2012, im zweiten Jahr des Krieges, kehrten viele Menschen auf leisen Sohlen in ihre Stadt zurück, weil sie keine andere Wahl hatten. Viele hatten Homs verlassen und waren als Flüchtlinge über die Grenze in den Libanon gegangen, mit oder ohne die Hilfe von Schleppern, in Lastwagen und in Bussen. Aber 20 bis 30 Prozent der Vorkriegsbevölkerung – etwa 10 000 Menschen – kamen zurück und versuchten, ihr früheres Leben wiederaufzubauen.

Die Stadt war ein einziges Gewirr, ein Labyrinth, ein Durcheinander der Zerstörung – und dann passierte man am Rand eines in Trümmern liegenden Viertels einen Checkpoint und befand sich plötzlich in baumbestandenen Straßen mit eleganten Häusern, die völlig unberührt schienen, mit Höfen und Balkonen und blühenden Jasminsträuchern. Aber im Umkreis von Baba Amr oder Bab al-Sebaa waren die Gebäude zerbombt und ausgebrannt, man lebte an der Front. Im frühen Morgenlicht sah ich Frauen, die ihre Kopftücher zusammenzogen und sich auf die Suche nach Feuerholz machten oder die Müllberge nach noch essbaren Dingen durchkämmten. Es war wie in Aleppo.

Auf meiner letzten Fahrt nach Bab al-Sebaa begegnete mir eine Frau, die ein zehn Monate altes Baby in einem klapprigen Kinderwagen vor sich herschob. Ein Rad blockierte, und der Kinderwagen schwankte heftig. Auf dem Gesicht der Frau lag ein Ausdruck gefrorener Qual. Ich sprach sie an. Sie sagte, dass sie die Stadt verlassen hatte, als die Bombardierungen unerträglich geworden waren. Aber ihr Mann war in Homs geblieben, und so kam sie zurück und schickte die Kinder in eine ausgelagerte Schule. Sie gewöhnten sich daran, auch während der Schießereien dorthin zu gehen. Wie die Angestellten im Rathaus lernten sie in Schichten, so dass jedes Kind die Chance bekam, etwas von dem spärlichen Unterricht mitzubekommen. Es fehlte an Lehrern, Büchern, Papier, Stiften, eigentlich an allem, berichtete die Frau.

Während unseres Gesprächs kam ihr elfjähriger Sohn Abdullah und sagte uns guten Tag. Er kam von seiner Schulschicht.

»Er ist hier, solange der Krieg jetzt schon dauert«, sagte seine Mutter. »Ich bin mir nicht mehr sicher, ob er noch derselbe ist wie vorher.«

»Ich hab die ganzen Bomben gehört. Ich hab einfach gewartet«, sagte er.

»Worauf hast du gewartet, *habibi*?«, fragte seine Mutter. Sie benutzte ein Kosewort: Liebling, Schatz.

Er zuckte die Achseln und kratzte an einer Wunde an seinem Handgelenk.

»Darauf, dass es aufhört?«

Er gab keine Antwort.

In der Nähe der Frontlinie, in einer Straße, die auf die Kirche von Bab al-Sebaa zuführt, die im Frühjahr zerstört wurde, steht ein kleines Haus mit geschlossenen Fensterläden. Um das Haus herum liegt alles in Trümmern; aber Carla, 32 Jahre alt und Christin, lebt mit ihren Kindern hier und weigert sich wegzugehen. Sie bittet uns herein, öffnet die Läden, die Türen. Es ist dunkel, sehr kalt; eines der Kinder hustet.

Im November 2011 war Carla für kurze Zeit geflohen, als die Kämpfe zu brutal geworden waren. Sie ertrug es nicht mehr, und die Kinder versteckten sich ständig unter den Betten. Dann kehrte sie zurück. »Wohin sollten wir gehen?«

Ihr Mann arbeitete in der Ölraffinerie von Homs und blieb auch während der schlimmsten Kämpfe in der Stadt, um sein Haus zu beschützen. Carla ging mit den Kindern aufs Land. Es gefiel ihr ganz und gar nicht. Sie hatte Angst um ihren Mann; Angst, sie würde nicht genug Essen finden für ihre Kinder; Angst vor der Zukunft. Sie wollte nicht allein sein. Sie kehrte ins Zentrum des Krieges zurück, damit die Familie zusammenbleiben konnte. Sie leben nun von eingemachtem Gemüse und Obst aus der Vorkriegszeit, dazu von Säcken voller Reis, ein paar Nudeln – was immer sie auftreiben können. »Man lernt, im Kriegsmodus zu leben«, sagt Carla.

Alle ihre Kinder seien traumatisiert, erklärt sie. Einige schlafen auf Matratzen auf dem Boden und nässen ständig ein. Andere schreien im Schlaf. Ihrem vierjährigen Sohn Nadem fielen die Haare aus.

»Wissen Sie, was Hilflosigkeit ist? Eine Mutter zu sein und den eigenen Kindern nicht helfen zu können.« Carla starrt aus dem Fenster zu der zerstörten Kirche. Die Mauern sind von Gewehrkugeln durchlöchert, im Dach klafft ein Loch.

»Kommen Sie, gehen wir hinein«, sagt sie tonlos. »Ich will Ihnen das zeigen. Sie können daran sehen, was der Krieg allen und jedem antut, was er sogar einer Kirche antut.« Sie hatte einmal geglaubt, dass ihr das Schlimmste erspart bleiben würde, weil sie in unmittelbarer Nähe einer Kirche lebt. Aber auch die Kirche war von Bomben und Gewehrkugeln getroffen worden.

Die Bänke in ihrem Inneren sind zersplittert und geborsten. Außer einer Marienfigur und ein paar verstreuten Gebetbüchern ist alles von Granatfeuer verbrannt und zerstört. In der Sakristei befand sich ein kleiner Safe – er war aufgebrochen worden.

Wir gehen im Schutt auf und ab. Nadem will hochgenommen werden. Carla beugt sich zu ihm hinunter und nimmt ihn auf den Arm.

»Im März haben die Menschen hier noch gebetet«, sagt sie. »Sie kamen zur Messe. Und dann, im nächsten Moment, war die Kirche kaputt.«

Mit lautem Gewehrfeuer hat in der benachbarten Straße ein Gefecht begonnen, und Carla will die Kinder ins Haus bringen. Wir kehren zurück, unter unseren Sohlen knirscht Glas. Im Hof steht eine zerbrochene Marmorfigur von Maria mit dem Jesuskind.

Die Kinder reagieren nicht, als das Maschinengewehrfeuer immer näher kommt.

Naya, die zwölfjährige Tochter, sieht kummervoll und alt aus. Ohne jemanden anzusehen, sagt sie: »Niemand weiß, wohin dieser Krieg noch führt. Aber irgendwohin muss er führen. Das stimmt doch, Mama?«

Carla schweigt.

»Mama?«

Dann ballert wieder das Maschinengewehr, und Naya sagt nichts mehr.

8 Aleppo

Sonntag, 16. Dezember 2012

Jeden Nachmittag sah ich ihn. Alles an ihm blieb gleich, sein Standort, seine Haltung, seine Kleider. Aleppo war in jenen Monaten in einem verzweifelten Zustand, und dieser alte Mann auf der Straße, die zum Krankenhaus führte, schien mir wie das Inbild alles dessen zu sein, was in dieser Stadt gerade unterging. Er stand bis zum Gürtel in Müll und wühlte mit der Hand in irgendeinem Karton herum. Er war auf der Suche nach etwas zu essen.

Wir fuhren in einem klapprigen Auto mit einem Fahrer namens O., einem nervösen, schmalen Syrer, aus der Türkei kommend in Richtung des kleinen Hospitals, das in der spärlich beleuchteten Dunkelheit noch geöffnet war. Einer meiner Kollegen, entweder Paddy oder Nicole, sagte: »Diesen Typen hab ich schon mal gesehen – er ist jeden Tag da.« Er war jeden Tag an derselben Stelle, und man sah ihn immer in derselben gebeugten, gebrochenen Haltung.

Ob er je etwas fand? Ich glaube nicht.

Wir waren zu dritt nach Aleppo gefahren: Nicole, klein und tapfer, aus Hongkong, die ihr langes Haar unter einem dunklen Tuch verbarg und allein mit ihrer Kamera an die Front ging, um nach ihrem Freund Jim Foley zu suchen; und Paddy, ein ruhiger Engländer. Wir wollten darüber schreiben, was die Menschen aßen, ob sie Hunger hatten, wie sie überlebten.

Die Antwort lautete: Sie aßen fast nichts. An diesem Wintertag gab es keinen Strom, um Brot zu backen; es gab kein Gas zum Kochen. Alles hier drehe sich um den Mangel, sagte uns der Fahrer, darum, was man sich sehnlichst erhoffe und nicht bekomme, was man entbehren müsse; um Erinnerung und Vergessen.

Ein mit mir befreundeter Fotograf hatte einmal versucht, Afghanistan während der Zeit zu beschreiben, als Mudschahedin gegen die sowjetische Besatzung kämpften. Er gab dem Land den Namen »Land der elastischen Augenblicke«. Ich begriff sofort, was er meinte. Es gibt Orte, an denen die Zeit entweder rast wie ein hochgezüchteter Rennwagen oder träge dahinschleicht, weil nie etwas passiert. Auch hier in Aleppo scheint die Zeit elastisch zu sein. Wenn der Krieg aufflammt, können sich Minuten endlos ausdehnen. Es kommt einem dann vor, als ob der nächste Tag nie kommen würde – der Tag, an dem es womöglich wieder Gas zum Kochen gibt, an dem der Beschuss vielleicht etwas abflaut.

Dieses Gefühl von Zeitlosigkeit, von verlorener Zeit, ist an diesem Ort besonders eigenartig, denn Aleppo ist uralt – erbaut vor 7000 Jahren und von Geschichte getränkt. Es ist eine der ältesten kontinuierlich bewohnten Städte der Erde.

Archäologen fanden in den Ruinen von Mesopotamien beschriftete Tafeln, die vom militärischen Prestige der Stadt kündeten, ihrer mannhaften Kraft. Aleppo lag am Ende der Seidenstraße, die Zentralasien mit Mesopotamien verband, es war ein strategisch günstiger Handelsplatz, auch für den Warenaustausch mit Europa. Lastpferde und Karawanen brachten Kupfer, Wolle, chinesische Seide, Gewürze aus Indien, italienisches Glas, Metalle aus Persien.

An diesem Dezembertag im dritten Kriegsjahr suchte ich nach Spuren von Aleppos einstigem Ruhm. Doch ich fand nur eine schwache, ausgehöhlte Form, eine leere Hülle. Wie konnte es passieren, dass eine Stadt – einst die drittgrößte Stadt des Osmanischen Reichs – vor unseren Augen verschwand? Eine apokalyptische Stadt, in der ich mich eine Woche vor Weihnachten befand, und nicht zu Hause in Paris, um mit meinem kleinen Sohn den Christbaum zu schmücken oder um Geschenke einzukaufen und sie in schönes Papier einzuschlagen.

Die Schlacht um Aleppo zog sich in die Länge. Es war, als sollte sie nie enden. Die Streitkräfte des Regimes von Baschar al-Assad, verstärkt durch Hisbollah-Milizen, standen diversen Kräften der syrischen Opposition gegenüber, die sich vor allem aus abtrünnigen Offizieren der syrischen Armee zusammensetzten. Gerne hätte ich eine Liste der einzelnen Gruppierungen der syrischen Opposition erstellt, doch die Zusammensetzung der Rebellen ändert sich jeden Tag. Es gibt interne Kämpfe. Und es gibt – wie so oft in Städten und Gemeinden, die in Krieg und Anarchie versinken – Kriminalität als letztes Mittel, um zu überleben.

Zu diesem Zeitpunkt umfasste die Opposition auch Kämpfer der Al-Nusra-Front (die Kurzbezeichnung Dschabhat al-Nusra bedeutet »Unterstützungsfront«), den in Syrien operierenden Ableger von Al-Qaida. Sie formierten sich im Januar 2012 und hatten nach Schätzungen zu diesem Zeitpunkt etwa 6000 Mitglieder.

Der »Islamische Staat« sollte erst später auf den Plan treten und gegen die Al-Nusra-Front und die Opposition kämpfen und Teilen von Syrien und dem Irak einen Islam aus dem 7. Jahrhundert mit seinen brutalen Scharia-Gesetzen aufzwingen. Als ich in Aleppo war, war er noch nicht in Aktion getreten, bestand erst in embryonaler Form und wartete im Schatten auf seine Gelegenheit.

Aleppo, einst die industriell am weitesten entwickelte Stadt Syriens, war von einer Vielzahl nationaler und konfessioneller Gruppen bewohnt. Vor 2011 gab es hier mehr Christen als in Beirut. Es gab syrische Araber, Kurden, Armenier, Assyrer, Türken, Tscherkessen, Juden und Griechen. In der Bibel wird Aleppo (das vom 11. Jahrhundert an von Rabbinern und bis heute von syrischen Juden mit dem hebräischen Namen Aram-Zobah bezeichnet wird) dreizehnmal erwähnt. Etwa zu Anfang des 60. Psalms: »Ein gülden Kleinod Davids, vorzusingen; von der Rose des Zeugnisses, zu lehren; da er gestritten hatte mit den Syrern zu Mesopotamien und mit den Syrern von Zoba; da Joab umkehrte und schlug der Edomiter im Salztal zwölftausend.«

Das Salztal liegt zu Pferd etwa vier Stunden von Aleppo entfernt. Ich las darüber in einem kurzen Text des Theologen Henry Maundrell, der 1697 diese Gegend bereiste. Hier schlug David die Syrer.

Und wer schlägt die Syrer heute? Sie zerstören sich auf die brutalste Weise gegenseitig. Die Regierungskräfte, geführt von Präsident Baschar al-Assad, setzen Fassbomben und Sprengfallen ein,[12] mit einer Wirkung, die schrecklicher ist als alles, was ich bisher in Kriegen erlebte – und ich habe in den letzten Jahren sehr viel Schreckliches in Kriegen gesehen. Fassbomben sind entsetzlich effizient in der Erzeugung von Schmerzen: Hergestellt aus Fässern, gefüllt mit Splittermaterial und Chemikalien, werden sie von Hubschraubern oder Flugzeugen abgeworfen. Militärs lieben sie, weil sie billig zu produzieren sind (manchmal kosten sie weniger als 300 US-Dollar), auf einfache Weise über von Zivilisten besiedelten Zonen abgeworfen werden können und verheerende Folgen zeitigen.

Wie es nach dem Abwurf einer Fassbombe aussieht: Knietiefer Schutt ringsum, Schmerzensschreie, fieberhafte Suche nach Überlebenden; abgetrennte Gliedmaßen, freiliegende Muskeln, Lachen klebrigen Bluts. Man stellt fest, dass man noch lebt, unter Betonteilen und Schutt, das Bein gebrochen; man wartet auf jemanden, der einen herauszieht. Dann kracht eine ganze Etage herab und begräbt den hilflosen Körper unter sich.

> »Ich habe vor der Bäckerei in Handarat gewartet, als ich einen kreisenden Hubschrauber sah. Es war halb zehn Uhr morgens. Er flog drei Kreise über dem Gebiet und warf dann die Fassbombe ab. Sie landete zwei Meter von mir entfernt. Ich sah sie fallen, aber wo konnte ich mich verstecken? Ich fühlte die Explosion. Ich fühlte das Schrapnell, das sich in mein Bein bohrte … Das Schrapnell traf meinen Hals und mein Bein, und mein anderes Bein war gebrochen … Ich sah vier verletzte Menschen. Sie bewegten sich auf dem Boden. In der Ambulanz sagte man mir, dass fünf oder sechs Menschen gestorben seien.«
>
> Elias, 17 Jahre alt, in einem
> Bericht für Human Rights Watch[13]

Der Kampf um Aleppo war in gewisser Hinsicht eine Blaupause des Krieges in ganz Syrien: Aleppo war das Leningrad des Syrienkriegs. Oder, wie ein Kämpfer der Rebellen es mir gegenüber ausdrückte: die »Mutter aller Schlachten«. Es fing an, wie es in ähnlicher Form in Homs, in Hama, in Damaskus angefangen hatte, mit prodemokratischen Kundgebungen gegen Assads autokratische Herrschaft, als

Teil des allgemeinen Arabischen Frühlings. Aus den Protestmärschen 2011 wurden im Februar 2012 Zusammenstöße. Zu diesem Zeitpunkt hielten die Rebellen das hügelige Umland, das im Sommer reiche Ernten abwarf, im Winter kahl war, und es war noch möglich, von der türkischen Grenze aus durch Dörfer zu fahren, die noch nicht vom Krieg heimgesucht worden waren. Die Bauern arbeiteten noch, die Kinder gingen mit kleinen Rucksäcken zu Fuß zur Schule. Kleine Schulen, kleine Häuser; normales Leben in einem Winkel des einstigen Mesopotamiens.

Im August 2012 war es heiß und staubig wie immer um diese Jahreszeit im nördlichen Syrien. Die Rebellen hatten Aleppo gestürmt, und es begannen heftige Kämpfe. Vier Monate später, in diesem trostlosen Dezember, hatten die oppositionellen Kräfte fast alle Versorgungsstraßen nach Aleppo abgeriegelt. Ein Großteil der UNESCO-Welterbestätten, etwa die Altstadt, war zerstört. Und auch das Leben der Menschen, die in Aleppo wohnten, war zerstört.

Um an diesem Ort zu überleben, bedarf es zweier wichtiger Dinge: Man muss den Fassbomben der Regimekräfte entgehen, und man muss Nahrung finden. Auf Regierungsseite haben die Leute weder Lohn noch Gehalt bekommen, und sie erhalten keine humanitäre Hilfe. Auf der Seite der Rebellen ist der Alltag nicht minder verzweifelt. Niemand hält vereinbarte Feuerpausen ein. Und wie üblich in Zeiten des Krieges gibt es Verbrechen, Misstrauen und unsägliches Leid.

Niemand scheint dazu in der Lage zu sein, diesen Zustand zu beenden, am wenigsten die Vereinten Nationen, deren friedensstiftende Bemühungen immer wieder scheiterten. 2015, zum Zeitpunkt der Niederschrift dieses Textes, hat der dritte UN-Gesandte für Syrien, Staffan de Mistura, ein italienisch-schwedischer Diplomat, der auch schon in Afghanistan und im Irak diente, den Versuch gemacht, längere lokale Waffenruhen auszuhandeln und dauerhaft durchzusetzen. Doch am Morgen des 17. Februar 2015, als de Mistura dem Sicherheitsrat der Vereinten Nationen in New York Bericht erstatten sollte, lancierten die Regierungskräfte eine neue Offensive, um die Hauptzufahrt nach Aleppo wieder in die Hand zu bekommen.

De Mistura hatte Europa mit vorsichtiger Zuversicht verlassen: Wenige Tage zuvor hatte er Assad in Damaskus besucht und dessen Wort erhalten, dass die Bombardements sechs Wochen lang eingestellt werden sollten, damit humanitäre Hilfe in die Stadt gelangen konnte. Zum Entsetzen der Opposition hatte de Mistura auch verkündet, dass es keine politischen Fortschritte ohne Assad geben könne. Sein Waffenstillstandsplan für Aleppo war zum Teil von dem jungen amerikanischen Journalisten Nir Rosen entwickelt worden, der für die Nichtregierungsorganisation Centre for Humanitarian Dialogue arbeitete. Am Abend des 17. Februar 2015, nur ein paar Stunden bevor de Mistura in New York sein Konzept vorstellte, brachen wieder Kämpfe aus.

Die Rebellen schlugen zurück. Und wieder gab es Tote, und wieder lagen Leichen in den Straßen, im schmutzigen Winter von Aleppo. Vor ein paar UN-Reportern, die sich an der Tür des Sitzungssaals des Sicherheitsrats versammelt hatten, las de Mistura mit finsterer Miene eine Stellungnahme ab, ohne Fragen zu beantworten. Wie Kofi Annan und Lakhdar Brahimi, beide erfolgreiche Vermittler in früheren Kriegen und beide vor ihm Sondergesandte für Syrien, hatte auch de Mistura eine vernichtende Niederlage erlebt.

Während man in New York die neuen Berichte veröffentlichte und ehrgeizige Bürokraten an ihren Schreibtischen am Genfer See fieberhaft neue Pläne erarbeiteten, verschwand die Geschichte von Aleppo mit rasender Geschwindigkeit. Der Souk, der überdachte Basar, der aus dem 15. Jahrhundert stammt und im 16. Jahrhundert sorgfältig umgestaltet worden war, bildete in der neuen Schlacht die Frontlinie. 2012 sagte Stefan Knost,[14] ein deutscher Historiker und Islamwissenschaftler, der vor dem Krieg an Ausgrabungen in Aleppo teilgenommen hatte, man müsse leider annehmen, dass große Teile des Basars entweder bereits zerstört seien oder noch zerstört werden würden. Drei Jahre später dienten die eingestürzten alten Mauern den Scharfschützen als Versteck.

Die Regierungskräfte verschanzten sich im Innern der Zitadelle, einem befestigten mittelalterlichen Palast, einst von Griechen, Byzantinern und Mamluken besetzt und ebenfalls zum UNESCO-Weltkulturerbe gehörend. Heute ragen die Mündungen von Maschinengewehren aus jeder Öffnung zwischen den antiken Steinen, und was hinter diesen Mauern und Wällen in friedlichen Zeiten geschah, ist vergessen. Die Geschichte scheint bedeutungslos geworden zu sein. Das Wichtigste ist, den Kugeln zu entkommen.

»Dass man kein Essen für die Kinder hat, das wiegt am schwersten«, sagte Umm Hamid an meinem ersten Abend in Aleppo. Sie war mittelgroß und schlank, wenigstens soweit man das unter ihrer den Körper verdeckenden Abaya erkennen konnte. Ihre Haut war blass und teigig, ihre Hände grobporig und schmutzig. Sie trug Gummipantoffeln. Wir waren bei ihr zu Hause, in Bustan al-Kasr, einem Viertel zwischen der alten Zitadelle und dem Fluss Kuwaik, in den man immer wieder getötete Zivilisten geworfen hatte. Ich hatte ihre roten und geschwollenen Leichen im Wasser treiben sehen.

Bustan al-Kasr war jetzt ein Kreuzungspunkt zwischen Gebieten, die von Rebellen, und anderen, die von Regimekräften gehalten wurden. Überall waren Heckenschützen – sie hatten in den oberen Geschossen der Häuser Stellung bezogen, und die Straßen waren nicht sicher. Aber die Leute mussten zwischen den beiden Gebieten hin und her gehen, um zur Arbeit zu kommen, um zu studieren – die Universität befand sich auf einem von Regierungstruppen kontrollierten Gelände – oder einfach um irgendwo etwas zu essen zu finden. Es gab einen Marktplatz, aber auch er wurde von Heckenschützen beschossen. Um bestimmte Gebäude zu erreichen, musste man durch Löcher kriechen, die durch Bomben entstanden waren. Es gab labyrinthische Tunnels, Abkürzungen, um dem sicheren Tod zu entgehen.

Wie in Sarajevo während der Belagerung benutzten die Menschen ausgebrannte Busse und Sandsäcke, um sich zu schützen. Es sah am Anfang seltsam aus, aber man gewöhnte sich schnell an den Anblick. Als wir auf dem Weg zu Umm Hamids Wohnung unser Auto verließen, bewegten wir uns möglichst ruhig und unauffällig, mit gesenktem Kopf und schnellen Schritten. Es war immer eine Erleichterung, wieder im Auto zu sitzen, auch wenn jeder wusste, dass eine Granate oder Gewehrkugeln die Türen oder die Fenster mühelos durchschlagen können.

Einige Monate später sollte O., unser Fahrer, in dem Auto, das er auch jetzt steuerte, in Aleppo schwer verletzt werden. Die Heilung seiner Schusswunden und seiner gebrochenen Knochen sollte ein ganzes Jahr dauern.

Damals, als ich zum ersten Mal nach Aleppo kam, befand sich jedes Viertel in der Hand einer anderen Gruppe, die politisch um ihr Überleben kämpfte, und überall blühte die Schwarzmarktkriminalität. Zwischen den konkurrierenden Gruppen steckten die Bewohner fest. Es war nicht klar, wer in dieser Woche Bustan al-Kasr kontrollierte. Im August war es Ahrar Suriya gewesen, eine der größten Rebelleneinheiten der Stadt. Niemand wusste, ob das für den heutigen Tag noch galt.

O. flüsterte: »Besser, ihr stellt nicht zu viele Fragen.« Er griff nach seiner Waffe unter dem Sitz. Ich bat ihn, ohne Waffe hinauszugehen, und er schob sie weiter nach hinten. Wortlos starrte er mich an, als wollte er sagen: Du weißt gar nichts.

Durch das schmutzige Autofenster konnte ich Umm Hamids Wohnung von unten sehen. Das Fenster in der Mitte, das auf die Straße ging, war von Kerzen erleuchtet. Nicole stieg zuerst aus, dann Paddy, dann ich, im Dunkeln vier Treppen hoch, dann die dunkle Wohnung, glatter, kalter Fliesenboden. Die Kinder standen hinten in einem Zimmer, sie fröstelten. Ich sah eine Reihe kleiner, schmutziger Gesichter, in denen die Tränen ihre Spuren hinterlassen hatten.

Im vorderen Zimmer breiteten wir Schlafsäcke aus. Durchs Fenster sah die Straße unheilvoll aus: Bis auf wenige Menschen mit den bleichen Lichtflecken von Taschenlampen zu ihren Füßen lag sie verlassen da. Man hörte das dumpfe Geräusch von Granatfeuer und gelegentlich das Gewehrfeuer eines Heckenschützen. Einige Kämpfer der FSA sammelten sich an der Ecke.

Umm Hamid ist ein *lakab*, ein arabischer Namenszusatz, der »Mutter von Hamid« bedeutet. Ihr Mann war ein lokaler Scheich, dem man als Entscheidungsträger und Vertrauensperson Ehrfurcht entgegenbrachte. Die Adresse ihrer Wohnung war uns als sichere Unterkunft von lokalen Mobiltelefonen an der türkischen Grenze per SMS genannt worden. *Wie sicher ist Ihre Wohnung?*, hatten wir wissen wollen. *Wann kommt Ihr Mann zurück? Werden wir bei Ihnen übernachten können, ohne dass jemand unsere Anwesenheit bemerkt? Wir werden nach Einbruch der Dunkelheit eintreffen, damit uns niemand sieht.*

Umm Hamid kochte für uns Tee und sprach von den Kindern. »Wenn sie nachts aufwachen und ein Glas Wasser wollen, muss ich ihnen das verweigern«, sagte sie, als sie sich auf den Boden gesetzt hatte und uns den Tee in schmutzigen Gläsern servierte. »Wenn sie nachts aufwachen und zur Toilette wollen, kann ich ihnen das nicht erlauben. Wenn sie nachts aufwachen und mich bitten, dass das Bombardement aufhören solle, dann kann ich ihnen auch diesen Wunsch nicht erfüllen.«

Dann ging es um den Mangel an Nahrungsmitteln. Sie sprach davon, was ihr fehlte, was sie verloren hatte, was sie nach ihrer Überzeugung nie wiedererlangen würde. »Vor dem Krieg gab es Obstbäume«, sagte sie sehnsüchtig. Dann begann sie, sie uns zu schildern. Sie erinnerte sich selbst daran, weil sie nie vergessen wollte, dass es hier einmal Äpfel und Mandarinen gegeben hatte, Birnen und Pflaumen, Granatäpfel und Jasmin.

Die Nächte in Bustan al-Kasr waren voller Geräusche. Mehr als ein Dutzend Menschen hielten sich in der Wohnung auf, und ihre Geräusche, Husten, Weinen, Schnarchen, Lachen, mischten sich mit den Schusswechseln und den Detonationen jenseits des Fensters. Als ich morgens aufwachte – ich hatte alle meine Kleider an und lag eingemummt in meinem Schlafsack – hörte ich eines der kleineren Kinder weinen. Ein Mädchen. Es wollte nicht nach draußen gehen. Es hatte Angst. »Bitte, Mama«, bettelte es.

Umm Hamid zog das Mädchen an. Sie stopfte seine Händchen in Socken, damit sie warm blieben. Es sollte sie zu der Warteschlange vor der Bäckerei in der Gegend von Kadi Askar begleiten. Es gebe niemanden, dem sie es anvertrauen könne, sagte sie trocken, also müsse es mit ihr mitkommen. Es könne sein, dass sie den ganzen Tag in der Schlange warten müsse, erklärte sie uns.

»Wenn wir früh genug hinkommen, haben wir vielleicht Glück«, flüsterte sie dem kleinen Mädchen zu.

Wenn sie Glück hätte, würde sie nicht in Aleppo leben. Wenn sie Glück hätte, würde sie nicht auf einem Holzofen kochen. Wenn sie Glück hätte, könnten ihre Kinder draußen spielen und hätten keine Angst vor dem Balkon, wo man auf sie schoss, sobald sie den Kopf hinausstreckten. Wenn sie Glück hätte, wäre ihr Mann nicht die letzten vier Monate ohne Job gewesen. Wenn sie Glück hätte, gäbe es keinen Krieg.

Der arabische Name für Aleppo ist *Halab*. Nach einer Theorie bedeutet der Name Eisen oder vielleicht Kupfer, weil es in dieser Region Vorkommen dieser Metalle gab. Aber es gibt auch eine biblische Legende, nach der Halab den »Geber von Milch« bezeichnet, weil Abraham Reisenden, die durch die Stadt kamen, angeblich Milch ausschenkte.

Doch die Stadt mit diesem Namen ist nicht wiederzuerkennen. Alles ist zum Stillstand gekommen. Nur geschossen wird noch mit unermüdlicher Energie. Umm Hamid hat seit Monaten keine Milch mehr bekommen. Sie verwende Milchpulver, sagte sie.

Schließlich hatte Umm Hamid das protestierende Mädchen doch überredet, sie zu begleiten. Hand in Hand gingen sie die Treppe hinunter, und wir folgten ihnen. Vom Treppenhaus aus sah die Mutter ihren jüngeren Sohn, der statt fester Schuhe nur Gummisandalen trug. Im Dezember ist es kalt in Aleppo, überall ist grauer Matsch, und es weht ein eisiger Wind. Sie sah zu ihm hin, aber sie kehrte nicht zurück, um ihm Socken zu holen: Sie hatte keine. Und der Junge hatte auch keine Schuhe.

Sie starrte seine Füße an, die rot waren vor Kälte, und lief dann eilig zur Bäckerei. Er konnte nichts tun, und sie konnte nichts sagen.

Wir gingen mit dem Jungen zum Markt und kauften ihm Schuhe, die er sich schweigend zuband. Es gab Dutzende, Hunderte, Tausende Jungen in Aleppo, die das bisschen Glück nicht hatten, das er an diesem Tag erlebte.

Krieg bedeutet endloses Warten, endlose Langeweile. Es gibt keinen Strom, also auch kein Fernsehen. Man kann nicht lesen. Man kann nicht zu Besuch zu Freunden gehen. Man wird depressiv, kann aber nichts dagegen tun, und es hat keinen Sinn, darüber zu klagen – allen anderen geht es genauso schlecht. Es ist schwer, sich zu verlieben, oder vielmehr: schwer, verliebt zu bleiben. Wenn man Teenager ist, kommt es einem vor, als hätte jemand die Zeit angehalten.

Wenn man schwerkrank ist und das Land nicht verlassen kann, um sich woanders behandeln zu lassen, bleibt man und stirbt langsam und unter unendlichen Schmerzen. Polio, Typhus, Cholera kehren zurück. Man sieht sehr kranke Menschen, die völlig gesund waren, als man sie vor dem Krieg das letzte Mal sah. Ständig hört man jemanden husten. Der Trümmerstaub setzt sich in den Lungen fest. Man erkältet sich schnell, Grippe verbreitet sich.

Die alte Welt, die man kannte, verschwindet wie der Rauch einer Zigarette – die man sich aus Mangel an Geld allerdings nicht mehr leisten kann. Wo sind die engsten Freunde geblieben? Einige sind fortgegangen, andere sind tot. Die wenigen, die geblieben sind, haben nicht viel Neues mitzuteilen. Man kommt nicht zu ihnen, weil die Straße gesperrt ist und man Checkpoints passieren muss. Oder Heckenschützen fangen an zu schießen, sobald man aus der Tür tritt, weshalb man sofort wieder den Rückzug antritt wie ein Krebs, der in seine Schale zurückkehrt. Oder vielleicht verlässt man die Wohnung am falschen Tag und bekommt die Wirkung einer Fassbombe zu spüren, die ein Regierungshubschrauber abwirft.

Wie sieht Krieg aus?

Die stahlgraue Farbe der Stadt. Die Wolken hängen niedrig, aber nicht niedrig genug, um die Hubschrauber zu verdecken, die gewöhnlich jeden Tag zur gleichen Zeit auftauchen, morgens und am späten Nachmittag. Sie kreisen eine Weile in Höhen von 4000 bis 5000 Meter, winzige Punkte am Himmel, bevor sie ihre unheilvolle Last abwerfen.

Wie hört sich Krieg an? Das pfeifende Geräusch der fallenden Bomben ist erst Sekunden vor dem Aufschlag zu hören – genug Zeit, dass einem der bevorstehende Tod bewusst wird, aber nicht genug Zeit, um wegzulaufen.

Wonach riecht Krieg? Nach Waffen, nach Holzfeuer, nach ungewaschenen Körpern, nach verrottendem Müll; und der betäubende Geruch der Angst ist überall. Der Schutt auf der Straße – zerbrochenes Glas, zersplittertes Holz – Trümmer, die einmal das Zuhause von Menschen waren. An jeder Ecke ist ein zerstörtes Gebäude, unter dem womöglich noch verschüttete Körper liegen. Die Schule, in die man einmal ging, ist verschwunden; ebenso wie die Moschee, das Haus der Großmutter und das Büro. Und mit den Häusern sind auch die Erinnerungen zerschmettert.

Es gibt die riesigen Müllhalden. Die Räume, in denen man haust, sind so kalt wie Gräber – schon fünf Winter sind vergangen, ohne dass man heizen konnte – und sie sind alles, was man noch hat. Es gibt so viele verlassene Wohnungen. Man muss an das schöne Haus denken – wie es aussah, als es noch bewohnt war. Das schöne Leben von vorher ist tot.

Schmutz und Dreck, Angst, Ekel. All die Dinge, die man nicht mehr hat – Zahnpasta, Geld, Vitamine, Antibabypillen, Röntgenapparate, Chemotherapie, Insulin, Schmerzmittel. Ein Liter Petroleum kostet 170 syrische Pfund. Heute. Morgen möglicherweise noch mehr.

Dann sieht man vielleicht plötzlich einen Mann, der trotz der Kälte nur ein T-Shirt trägt und Orangen auspresst für die Glücklichen, die noch Geld haben. Orangen? Man fragt sich, wer jetzt noch Geld hat, und düstere Gedanken steigen auf über Menschen, die man einst gut kannte und denen man vertraute. In der ganzen Stadt, dem Viertel, der engsten Umgebung denkt jeder nur noch ans Überleben; allmählich kann man niemandem mehr trauen.

Krieg ist die Ecke am Rand der Altstadt, an der sich eine Schlange von Menschen gebildet hat, die leere Plastikflaschen in der Hand halten. Sie wollen kleine Mengen Benzin auf dem Schwarzmarkt kaufen.

Krieg ist das zerstörte Krankenhaus, Dar al-Shifa, das am 21. November 2012 bombardiert wurde und immer noch nach dem Gemetzel stinkt, in dessen Fluren einst Krankenbahren hin und her geschoben wurden und Ärzte in OP-Kitteln und Handschuhen entlangeilten. Jetzt ist es nur noch ein chaotischer Haufen von Betonteilen, rostigen Armierungen, zerbrochenen Ziegeln und Glas unter dem grauen Himmel.

Krieg sind die Patronenhülsen auf der Straße, der Rauch von Bomben, der pilzförmige Wolken bildet, und Krieg ist, dass man gelernt hat, die dumpfen Aufschläge verschiedenen Arten von Bomben zuzuordnen.

Krieg ist Zerstörung, er ist das Gerippe, die blanken Knochen eines einst lebendigen Nächsten.

• • •

2006 gewann Aleppo den Titel einer islamischen Kulturhauptstadt, der von der Islamischen Organisation für Bildung, Wissenschaft und Kultur vergeben wird. Historische Stätten wurden restauriert. Der Tourismus nahm Fahrt auf. Aleppo befand sich auf dem besten Weg, das neue Marrakesch zu werden, ein exotisches Urlaubsziel mit gutem Wetter, Luxushotels, interessanten Restaurants und Direktflügen von Paris oder London. Eine orientalische Stadt mit betörenden Bauwerken aus goldfarbenem Stein.

Aleppo war berühmt für seine duftende Seife aus Olivenöl und seine kultivierten Wohnhäuser in der Altstadt. Ermutigt von Asma, der schlanken, gutangezogenen Ehefrau von Baschar al-Assad, die in der amerikanischen Vogue porträtiert worden war, begannen ihre Freunde, Modemacher, Künstler und Literaten, dort Häuser und Wohnungen zu kaufen. Kurz vor dem Arabischen Frühling hatte ich in Paris elegante und gebildete Menschen getroffen, die mir stolz berichteten, dass sie nach Aleppo flogen, um

Kunst und Mobiliar zu kaufen. Als die Proteste anfingen, rief ich sie an. Ich wollte sie fragen, was mit Aleppo passierte, was mit ihren Wohnungen, ihren glamourösen Freunden dort geschah – aber sie wollten nicht mit mir reden.

Ich habe Ähnliches schon einmal erlebt, im Bosnienkrieg. Die Geschwindigkeit, mit der das Leben, das man kennt, zusammenbricht, ist überwältigend. Die Reichen und Schönen bleiben aus. Das Wasser ist abgestellt, die Bank ist geschlossen, und ein Heckenschütze tötet den eigenen Bruder. Es gibt keine Zuflucht mehr, und man hat kaum noch Zeit zu trauern – schon sieht man einen Hubschrauber am Himmel und hört den Aufprall der nächsten Bombe. Man gewöhnt sich an Halluzinationen im hellsten Tageslicht. Die Toten und die Verstümmelten kehren zurück, immer wieder, und nicht nur in Träumen. Wenn man einmal einen Toten auf der Straße gesehen hat – die Schuhe weggerissen von der Wucht der Explosion –, vergisst man diesen Anblick nie mehr.

Doch man rechnet nicht damit, dass auch gewöhnliche Dinge – Dinge, die man als selbstverständlich voraussetzt – verschwinden. Der Mann, der den Müll sammelte, kommt nicht mehr, weil es die städtische Müllabfuhr nicht mehr gibt. Die Schwestern, die Blut abnahmen, sind nicht mehr da, weil die Krankenhäuser bombardiert werden. Die tägliche Zeitung, das Café nebenan – fort, und dann, nach und nach, ist jedes bisschen Normalität verschwunden.

Mehr als alles andere ersehnt man die Rückkehr des Gewöhnlichen. Das einfache Vergnügen, in einen Laden gehen zu können und Äpfel zu kaufen; in einem Café zu sitzen und eine Zigarette zu rauchen; das reibungslose Durchqueren der Stadt, das Studenten früher kannten, wenn sie zu einer Vorlesung in Psychologie oder Wirtschaftswissenschaften fuhren, ohne beschossen zu werden.

Wenn ich an meine Zeit in Aleppo zurückdenke, kommt mir immer wieder das Bild des sterbenden Babys in den Sinn. Ich habe selbst ein Kind. Mein Sohn ist gesund und lebt in einem wohlhabenden Land; er trinkt Milch und isst Kekse vor dem Zubettgehen, lernt im Schein einer elektrischen Lampe, geht Skifahren, spielt mit Lego. Er kennt keinen Krieg. Seine Helden sind die Helden von *Star Wars*, die Guten und die Bösen, die Jedi und die Senatoren, Darth Vader, Luke Skywalker und Prinzessin Leia. Seine Helden sind keine Dschihadisten, Kämpfer oder Menschen, die humanitäre Hilfe über Grenzen bringen.

Das Leiden von Kindern ist für jedermann etwas besonders Quälendes. Aber wenn ich als Mutter in die Augen der Mütter blicke, deren Kinder hilflos sterben, fühle ich mich wie eine Heuchlerin. Ich kann jederzeit nach Hause gehen.

Der Tod dieses kleinen Kindes in Aleppo dauerte nicht lange, vielleicht zehn Minuten, vielleicht noch kürzer. Khaled, ein junger Assistenzarzt, und die Schwestern taten ihr Bestes. Sie versuchten verzweifelt, das winzige Bündel am Leben zu erhalten. Es litt an einer einfachen Atemwegsinfektion. Nichts Dramatisches, keine Schusswunde, keine von Granaten zerfetzte Arterie.

Ich sah ihnen zu, wie sie sich um seinen Körper drängten. Es war wie ein Wettlauf: Khaleds Gesicht angespannt und voll banger Erwartung, die Schwestern neben ihm in ihren Hidschabs und Turnschuhen. Ein Wettlauf gegen die Zeit, gegen den Tod.

Doch es wurde ihnen bewusst, dass sie verlieren würden. Mit einer zerbeulten Taschenlampe leuchteten sie dem Baby in die brechenden Augen; sie fühlten seinen Puls und schlugen ganz sanft auf seine Fußsohlen, um die Reflexe zu testen.

Der Kampf war aussichtslos. Nicole und Paddy und ich standen an der Seite und sahen zu; es war uns unbehaglich zumute, wir konnten nichts tun und standen im Weg. Das Leben verließ den kleinen Körper: Ein Mensch, der noch einen Augenblick zuvor auf dieser Erde lebte, war plötzlich und unwiderruflich tot. Nicole rührte ihre Kamera nicht an; Paddy wandte sich ab.

Es war vorbei. Es atmete nicht mehr. Der dünne Faden war gekappt.

Dann waren wir zurück in der Notaufnahme, und ich konnte die Schreie anderer Menschen hören, die Schmerzen hatten. Die Kälte meiner Füße auf dem Marmorboden wurde mir bewusst, und das Blut von jemandem an der Wand. Unwillkürlich begann ich zu weinen, Tränen strömten über mein Gesicht auf den Kragen meines Mantels. Ich konnte die Tränen nicht zum Versiegen bringen, nicht mit Taschentüchern und nicht, als Nicole mir einen irritierten Blick zuwarf: Beherrsch dich. Ich versuchte es, aber es war unmöglich. Ich ging in einen kleinen Abstellraum, eigentlich nur ein Wandschrank. Nach einer Weile kam Nicole hinter mir her.

»Alles in Ordnung mit dir?«

Ein Nicken. Sie gab mir ein frisches Taschentuch. Ich dachte an meinen Jungen; er war sieben Wochen zu früh zur Welt gekommen, und wenn er in Aleppo geboren worden wäre, nicht in Paris, wäre er heute wahrscheinlich tot.

Als das Baby starb, gab es nur noch 31 Ärzte für eine Million Menschen in Aleppo. Khaled war vom Management – was immer von einem Management übrig war – vom Assistenzarzt zum leitenden Arzt befördert worden. Er bat mich darum, in meinen Reportagen weder den Namen noch den genauen Ort des Krankenhauses in Aleppo zu nennen, »denn sonst wird es bombardiert werden«, wie Dar al-Shifa, ein Hospital, das wenige Wochen zuvor von Regierungskräften gezielt bombardiert worden war.

Angriffe auf öffentliche Räume während eines Krieges, besonders auf solche, in denen sich bekanntermaßen viele Zivilisten aufhalten – Krankenhäuser, Schulen usw. –, stellen eine Verletzung der Genfer Konvention dar. Aber wer schert sich hier um die Genfer Konvention? Wissen die Lenker von Assads Kampfflugzeugen, die tief fliegen, um ihre Bomben abzuwerfen, überhaupt, dass es die Genfer Konvention gibt? Gibt es irgendeinen Krieg, der Rücksicht nimmt auf die Genfer Konvention?

Khaled sah schrecklich hilflos aus, als er das kleine tote Baby in ein Dreieckstuch wickelte und seinen leblosen Kopf bedeckte, bevor er sich der Mutter zuwandte.

Sie war ebenfalls jung und saß still auf einem Stuhl neben dem Behandlungstisch. Sie trug einen Hidschab und eine dicke braune Abaya. Ihre Haut war etwas gelblich. Hepatitis? Eine andere Krankheit? Oder einfach Mangelernährung, Schlafmangel, Mangel an Wasser, frischer Luft und gutem Essen?

Sie fröstelte ein wenig in der Kälte des verdunkelten Behandlungsraums, doch sie schien einen Schmerz zu empfinden, der keine Tränen mehr kennt. Ihr Gesicht war eingefallen, ihr Blick leer.

Sie nahm das umwickelte Paket, ihr Kind. Ihr Mann berührte sie an der Schulter. Gebeugt, wirkten sie doch irgendwie würdevoll, als sie den Raum verließen.

»Das Problem ist«, sagte Khaled, indem er sich mit

schiefsitzender Brille zu mir drehte, »dass das Baby an einer Atemwegsinfektion starb.« Eine Atemwegsinfektion, die man in einem anderen Land mit Antibiotika behandelt hätte. Nichts Ernstes, nichts, was man nicht in den Griff bekommen könnte. Außerhalb dieses Krieges.

Die Eltern hatten gewartet, bis kaum noch Leben in ihrem Baby war, bevor sie es in die Notaufnahme brachten: Die Stadt war bombardiert worden, und sie hatten Angst, auf dem Weg von einer Rakete getroffen zu werden.

Was sie hier bräuchten, sagte Khaled, seien Rettungswagen. Ein Fahrzeug kostet 40 000 US-Dollar. Damit würde man die Verwundeten und die Kranken schneller ins Krankenhaus bringen können. »Das ist doch nicht zu viel verlangt, oder?«, fragte er. »Ein einziger Rettungswagen …«

Zu verschiedenen Tageszeiten kamen wir immer wieder in das Krankenhaus. Wir sahen immer die gleichen Schwestern und Khaled bei der Arbeit. Weitere Patienten. Eine Frau, die unter Krämpfen litt. Ihr Körper bog sich, ihre Arme und Beine zuckten heftig. Eine Freundin und Angehörige waren bei ihr. Sie sagten, sie leide von Geburt an unter zerebraler Kinderlähmung, aber ihr Zustand verschlimmere sich. Ihre Lungen waren voller Flüssigkeit, sie konnte nicht atmen. Zwei Frauen hielten sie an den Händen und versuchten, sie zu stabilisieren.

Dann sah sie uns – Menschen aus dem Westen, die versuchten, sich in einer Ecke so klein wie möglich zu machen – und schrie: »Wenn ich sterbe, nehmt meine Kinder mit!« Sie hielt sich krampfhaft den Bauch und wiederholte ihren schrillen Schrei: »Nehmt sie mit! Nehmt sie mit!«

Eine Angehörige zog sie fort.

Khaled war in seiner Schulzeit als meisterhafter Tischfußballspieler bekannt gewesen. Nachdem es ihm gelungen war, die Frau zu beruhigen, nahm er seine Brille ab, rieb sich die Augen und sagte, dass er jetzt eine Pause mache. Er hatte seit dem frühen Morgen gearbeitet. 24 Stunden lang.

Er ging vier Stockwerke hoch zu einem kleinen verlassenen Teil des Hospitals direkt unter dem Dach. Wegen der Bomben fürchtet jedermann die oberen Etagen, doch die Ärzte nutzten die Räume zum Schlafen und Essen zwischen ihren Schichten. Khaled bat uns, ihm zu folgen. Es gab einen Tischkicker – alt, aber funktionstüchtig. Khaled beugte sich darüber, drehte an den Griffstangen. Etwas Ähnliches wie ein Lächeln huschte über sein Gesicht.

Eine der Schwestern hatte einen Eintopf aus Bohnen gekocht, und irgendjemand hatte Brot gebracht. In diesem Krankenhaus funktionierten zwei Dinge: Es bekam Petroleum von der FSA, mit dem man die Generatoren lange genug in Gang halten konnte, um Operationen durchzuführen – wobei die Ärzte mit Stirnlampen die Körper der Patienten auf dem OP-Tisch beleuchteten –, und es bekam Brot.

»Wir sind dankbar für die kleinen Wunder«, sagte Khaled und begann, seine Suppe zu löffeln. Sie schmeckte nicht schlecht; sie war dick, und, noch wichtiger: heiß.

Er wollte weder über das tote Baby sprechen noch über die Stadt noch über den Krieg. »Ich denke gern an etwas, was mit alldem hier nichts zu tun hat«, sagte er. Über das Baby wollte er nur so viel sagen, dass es noch leben würde, wenn der Krieg nicht wäre.

Ein schmales Mädchen befand sich mit uns im Raum, eine Art Kinderstar, berühmt in der ganzen Stadt. Sie hatte eine schöne Singstimme. Bei Demonstrationen hatten ihre

Brüder und Schwestern sie vor der Menge hergehen lassen, und sie hatte mit erstaunlich reiner Stimme Protestlieder gesungen. Jetzt bekam sie einen Teller Suppe, und dann begann sie zu singen. Alle Anwesenden klatschten zu ihrem Lied den Takt. Sie schloss die Augen, hob die Hände und bewegte sich wie in Trance.

Auch Khaled sang, aber er sah völlig erschöpft aus. »Ich kann nicht mehr«, sagte er nach einer Weile und legte sich irgendwo in den unteren Stockwerken in ein Krankenhausbett, um zu schlafen. »Bis morgen früh.«

Ein Jahr nach dieser Begegnung hat Khaled geheiratet. Seine junge Frau brachte in der Türkei ein Kind zur Welt. In dieser Zeit rief ich ihn an und stellte ihm Fragen über eine Polioepidemie, die offenbar in Syrien ausgebrochen war. Er sagte, dass sein neugeborenes Kind ihm Hoffnung gegeben habe. »Aber viel Hoffnung ist nicht mehr übrig in unserem Land«, sagte er.

»Gehen Sie zurück?«

»Ich kann doch nicht im Ausland bleiben«, antwortete er.

Salat ist das obligate muslimische Gebet, das von den Frommen fünfmal täglich verrichtet wird: Das erste, genannt *Salat al-Fadschr*, bei Sonnenaufgang. Dann mittags, wenn die Sonne höher gestiegen ist: *Salat al-Zuhr*. Am späten Nachmittag kommt *Salat al-Asr*, *Salat al-Maghrib* kurz nach Sonnenuntergang und schließlich *Salat al-Ischa* zwischen Sonnenuntergang und Mitternacht.

Die anderen Säulen des Islam sind die *Schahada*, das Bekenntnis des Glaubens; die *Zakat*, die verpflichtende Abgabe eines Teils des eigenen Besitzes an die Armen; *Saum*, Fasten; und der *Hadsch*, die Pilgerreise nach Mekka.

Ich habe Soldaten in Schützengräben gesehen, die ihre Gebete verrichteten, und betende Bauern auf dem Feld, und selbst meine Dolmetscher baten mich mitten in einem Satz, ich möge sie entschuldigen, sie müssten jetzt beten.

Wir waren aus Umm Hamids Wohnung ausgezogen und wohnten in einem sicheren Haus in einem anderen Viertel, wo auch einige FSA-Soldaten und Aktivisten der Rebellen lebten. Die Männer in unserer neuen Unterkunft waren fromm. Sie versammelten sich im Hauptraum, um zu beten, zu essen, zu reden, und dazwischen saßen sie an ihren Computern und entwarfen neue Strategien.

Sie verstummten, wenn Nicole und ich durch den Raum zur Toilette gingen – eine gute Toilette, stellten wir fest, nur ein Loch im Boden, aber gefliest und sauber – oder uns einen Tee kochten – falls es gerade Kochgas gab. Die Mahlzeiten mussten wir in unserem eigenen Raum einnehmen. Eine Nachbarin stellte das Essen auf einem Tablett vor unserer Tür ab, und wir holten es herein und aßen es, auf unseren Betten sitzend. Wir waren keine Gefangenen, aber ich spürte, wie es sich anfühlen musste, in ihrer Welt eine Frau zu sein.

An einem Tag gingen wir auf den Friedhof. Es war schon fast Mittag, doch die Sonne war noch nicht herausgekommen. Der Ruf des Muezzin stieg in das kalte Grau des Himmels auf. Der Friedhof hieß »Feld der Märtyrer«, er lag im Viertel Salah al-Din. Ein Mann namens Mohammed verrichtete dort sein Gebet. Er arbeitete jeden Tag auf diesem Friedhof. Gelegentlich begleitete ihn sein kleiner rothaariger Sohn. Er trug hohe Gummistiefel, wenn er die Gräber aushob, die Leichen in ihren blutigen Decken hineinlegte und sie mit Erde bedeckte.

Ich machte mir Sorgen um das rothaarige Kind, das von

so vielen Toten umgeben war; vielleicht würden die Toten es später heimsuchen, wenn es sich an diese Zeit erinnerte – falls es überlebte: diesen Tag, diese Woche, diesen Monat, dieses Jahr.

Scheich Moisin, ein religiöser Führer, der mit Mohammed zusammenarbeitet, sagt, dass die Leichen, die hier begraben werden, manchmal keine Köpfe haben. Manchmal, sagt er, haben sie keine Gesichter.

»Und Ihr Junge sieht das?«, frage ich Mohammed leise. Das schien ihn zu verwirren.

»Es macht ihm nichts aus«, antwortet er. »Der Tod ist wie das Leben.«

Aber nicht im Krieg.

Ein Teil des Friedhofs war früher ein Park. Doch die große Anzahl der Toten in Aleppo führte dazu, dass man mehr Platz für Grabstätten brauchte. Im Januar 2015 schätzten die Vereinten Nationen die Zahl der Toten in Syrien seit dem Ausbruch des Krieges auf 220 000; andere Schätzungen sind noch höher.

In Aleppo brauchte man den Friedhof dringend. Früher spielten Kinder hier, doch nun nimmt die Erde die Toten auf. Er sieht ganz anders aus als der Friedhof von Montparnasse, in dessen Nähe ich wohne, wo ich oft spazieren gehe oder im Frühling radfahre, wenn ich nachdenken will. Und ganz anders als der Friedhof in Amerika, wo mein Vater, meine Schwester und zwei Brüder beerdigt sind. An Weihnachten, an Ostern und an den Geburtstagen der Toten geht meine Mutter dorthin und legt Blumen und Kränze auf ihr Grab. Hier auf dem Friedhof von Aleppo liegen die Toten des Krieges in der Erde.

»Es ist meine Pflicht und es gefällt Gott, dass ich die Toten begrabe«, sagte Mohammed einfach. Alles Dramatische ist ihm fremd. Er sagt, er hat nachts keine Albträume wegen seiner Arbeit, und er hat auch keine Angst vor den Toten.

Der rothaarige Junge, der, wie sich herausstellte, erst vier Jahre alt war, klammerte sich an die Hand seines Vaters, sobald dieser mit dem Schaufeln innehielt. Hatte er all die verstümmelten, zerschmetterten und verdrehten Körper gesehen, hatte er die Agonie in den Gesichtern gesehen, die ihre letzten Momente widerspiegelte?

»Tod ist Tod«, sagte Scheich Moisin. »Die Toten können einem nicht mehr weh tun.«

An dem Tag, an dem ich Mohammed bei der Arbeit zusah, begrub er einen Mann, der noch eine Stunde zuvor am Leben gewesen war. Muslime bestatten ihre Toten wenn möglich vor Sonnenuntergang des Sterbetages. Um sie zu ehren, werden sie gewaschen und in weiße Tücher gewickelt; es werden Gebete gesprochen, und ihr Kopf wird in Richtung Mekka gebettet. Aber jetzt ist Krieg. Vor zwei Stunden war dieser Mann noch als Kämpfer an der Front. Eine Bombe traf ihn. Sein Leben erlosch so schnell wie die Flamme einer Kerze.

Er war nicht gewaschen worden, aber jemand brachte eine blutige Decke, in die man ihn wickelte. Freunde brachten ihn zum Friedhof, aber nur drei Menschen standen am Rand des flachen Grabes, das Mohammed ausgehoben hatte.

Sein Körper war bedeckt, doch sein Kopf ragte heraus. Er hatte helles Haar, er sah fast heiter aus und hatte etwas vorstehende Zähne. Die Haut um seine Augen war dunkelrot von Blutergüssen – eine Folge der Explosion? Mohammed zuckte die Achseln und bat einen der drei Männer, die Gebete zu sagen.

»Er lächelt«, sagte einer dieser Männer, nachdem er gebetet hatte. »Der Märtyrer lächelt.«

Ein Märtyrer, getötet im Dschihad, dem heiligen Krieg. Ein *shaheed.*

»Nein, er lächelt nicht«, warf ein anderer Mann ein. »Er sieht erschrocken aus. Die Bombe hat ihn erwischt, als er nicht aufpasste.«

»Nein, das stimmt nicht. Er lächelt.«

»Wenn er lächelt, bedeutet das, dass er in den Himmel kommt«, sagte der dritte Mann.

Mohammed, der Totengräber, sagte ruhig: »Was wir wissen, ist, dass er Aleppo verlässt.« Er warf die letzte Schaufel voll Erde auf das Grab.

In Salah al-Din, einem Stadtteil von Aleppo, tranken wir Tee, um warm zu werden, und fuhren dann zu den Ruinen der Altstadt. Ein Mann verkaufte Benzin. Ein kleines Mädchen kam die Straße entlang, das seinen noch kleineren Bruder an der Hand führte. Es konnte nicht älter sein als fünf. Wohin gingen die beiden? Das Mädchen sagte, sie seien ausgeschickt worden, um nach Essen Ausschau zu halten.

Im gelben Winterlicht kamen auch die Leute wieder, die auf der riesigen Müllhalde in der Nähe unserer neuen Wohnung nach allen möglichen Dingen suchten, die ihnen beim Überleben helfen konnten. Im Park sägten Jugendliche Bäume ab und machten Feuerholz. Die deformierten Stümpfe sahen grotesk aus in der Dämmerung. Die Jungen trugen Gummilatschen ohne Socken. Beim Gehen auf eisigem Boden und gefrorenem Matsch rutschten sie ständig aus.

Am späten Nachmittag vor Einbruch der Dunkelheit gingen wir zu der Brotschlange von Kadi Askar. Die Leute, die dort anstanden, waren immer noch die gleichen wie am

Vormittag. Nur waren sie jetzt durchgefroren und noch hungriger und wütender. Die Bäckerei war durch Stacheldraht geschützt, denn man wusste, dass hungrige Menschen zu allem fähig sind. Ihre Mienen wurden immer verzweifelter, während sie auf Nahrung warteten. Einige lasen in einem Buch, während sie warteten, andere starrten mit leidendem Blick ins Leere.

Es fing an zu regnen. Eiskalte, dicke Tropfen fielen herab, aber die wenigsten hatten einen Regenschirm.

Am nächsten Tag, dem 17. Dezember 2012, fiel die Temperatur auf unter null Grad. Ich dachte an mein Leben während des Krieges in Sarajevo und fragte mich, ob es auch hier in Aleppo jemanden gab, der alles aufschrieb, was in der Stadt passierte: wer lebte, wer starb, die Tagestemperatur, wie viele Granaten einschlugen, wer welche Gebiete einnahm. Ich fragte mich, ob es jemanden gab, der das *Buch der Toten* verfasste. An diesem Tag in Aleppo, ohne Zeitungen, Radio, Fernsehen und Internet erfuhr ich in Gesprächen, dass die Freie Syrische Armee noch immer 60 bis 70 Prozent des Stadtgebiets kontrollierte und den Kampf um ein altes Fort am Stadtrand führte. Ich wusste aus eigener Beobachtung, dass die Menschen in der Brotschlange bei Detonationen ihre Haltung kaum noch veränderten. Es ist entsetzlich, dass Menschen nicht mehr reagieren, wenn in ihrer Nähe Maschinengewehre und Granatwerfer abgefeuert werden, weil sie an das Geräusch schon so gewöhnt sind.

Ich wusste, dass die Menschen genug hatten vom Krieg, dass sie am Ende waren, aber ich wusste nicht, dass zwei Jahre später noch immer Krieg herrschen würde. Dass es noch lange nicht vorbei wäre.

Alle Geschichten waren ähnlich. »Ich betrat ein Haus

und sah einen Regierungssoldaten mit einem Gewehr«, sagte Ahmed, ein verwundeter FSA-Soldat, der neben mir wartete.

»Ich konnte ihn nicht töten, also versuchte er, mich zu erwischen.« Er schwieg und starrte auf sein Bein, dessen Wade fehlte. Ahmed war nicht dazu in der Lage gewesen, einen Jungen zu töten, der etwa im gleichen Alter war wie er selbst und in einer anderen Welt mit ihm zusammen in einem Klassenzimmer hätte sitzen können. Als er zögerte, hatte dieser Junge auf ihn gefeuert und ihm die Hälfte seines Beins abgeschossen.

»Eine schöne Geschichte, nicht?«, sagte Ahmed mit schmerzstarrem Gesicht, bevor er sich abwandte.

In der Brotschlange wurde über nichts anderes gesprochen als über den Krieg.

»Ich stehe schon fünf Stunden hier.«

»Ich sechs.«

Man suchte nach bekannten Gesichtern; Gesichtern, die man von früher kannte, Nachbarn, Tanten, Onkel und Cousins. Es war schwer, irgendjemanden wiederzuerkennen. Ich dachte an die Jahre des stalinistischen Terrors, die Schlangen, von denen die Dichterin Anna Achmatowa erzählt, das Warten, den Schmerz, den es bedeutete, geliebte Menschen in einer Schlange zu sehen und sie nicht zu erkennen, weil das Leid sich unauslöschlich in ihre Züge gegraben und sie fremd gemacht hatte.

Es war die einzige »oppositionelle Bäckerei«, das heißt, eine Bäckerei, die nicht von der Regierung betrieben wurde und in einem oppositionellen Viertel lag. Die Leute, die sich dort einfanden, trieb eher der Hunger als die politische Einstellung, doch viele schimpften – nicht nur auf Assad.

Sie waren auch wütend auf die Spitzen der Opposition, wütend, dass es keine richtige politische Führung gab, wütend auf den Westen, auf Assads Verbündete China und Russland und auf die »bärtigen Typen«, die radikalen Dschihadisten, die sich bald als Mitglieder des IS zu erkennen geben würden.

Sogar auf uns Journalisten in unserem zerbeulten Auto waren sie wütend. Nicole ist in Hongkong geboren, und obwohl sie ihr Haar unter einem Hidschab verbarg, wurden die Leute böse, wenn sie ihr Gesicht sahen. China hatte zusammen mit Russland gerade die Syrien-Resolution des UN-Sicherheitsrats blockiert, die zu Verhandlungen führen sollte. Ein paar Menschen umringten unser Auto, schrien und schlugen gegen die Scheiben.

Was hat Nicole mit dem UN-Sicherheitsrat zu tun? Nichts.

Aber eine erboste Menge macht Angst. O., der Fahrer, griff nach seiner Waffe – was uns noch mehr erschreckte, denn wenn er eine Waffe hatte, hatten die Männer draußen sicherlich auch eine. Ich sagte ihm, er solle sie wieder wegstecken, und Paddy konnte ihn mit leiser Stimme beruhigen. Schließlich bildeten Menschen, die uns zu helfen versuchten, eine Gasse, wir stiegen aus und rannten in die Bäckerei.

Ein Mann namens Mohammed, der vor dem Krieg Automechaniker gewesen war, führte den Betrieb. Er hatte eine undankbare Aufgabe. Wenn der Teig nicht aufging, wenn es kein Benzin für den Generator gab, wenn das Brot nicht für alle Wartenden ausreichte, richtete sich der Zorn der Menge gegen ihn. Das Assad-Regime hatte ihm gedroht, er sollte entführt, gefoltert und getötet werden, wenn er es wagte, weiterhin diese Bäckerei zu führen. Er habe sich nicht um die Drohungen gekümmert, sagte er. Er sei zu sehr mit Brotbacken beschäftigt gewesen.

Er zuckte die Achseln. »Der Teig muss gehen, also muss ich weiterarbeiten«, sagte er. »Und er braucht fünf Stunden.« Er wischte sich die Hände an seiner mehlbestäubten Hose ab und führte uns zu den großen Mischmaschinen. Vor Assads Schlägern hatte er ebenso wenig Angst wie vor den Schikanen der FSA. Tag für Tag tauchte er bei Tagesanbruch in der Bäckerei auf – die aus einem höhlenartigen Loch in einer früheren Fabrik bestand – und brachte den Backprozess in Gang: schaltete die Generatoren und die Backmaschinen ein, mischte Mehl mit Wasser, überwachte die ganze Anlage in dem kahlen Raum.

Nur ungefähr fünf Menschen arbeiteten hier; mehr konnte er nicht bezahlen, und es war lebensgefährlich, zur Arbeit zu kommen, da die Front ganz in der Nähe verlief. Die Ausrüstung war uralt.

»Wenn es eine Krise gibt, einen Krieg wie diesen«, sagte Mohammed, »muss man einfach arbeiten. Sonst denkt man den ganzen Tag nur noch an Krieg. Ich denke aber lieber an Brot.« Er und seine Mitarbeiter stellten etwa 17 000 Tüten Brot pro Tag her: jede Tüte enthielt 14 Fladenbrote. Er sagte, sein Brot halte Aleppo am Leben.

Bevor das Regime ihm Todesdrohungen schickte, »hatten sie mir Geld angeboten, damit ich kein Brot backe und die Menschen hungern«, sagte er. Aber jetzt beschütze ihn die FSA. »Wenn sie das nicht tun würden, wäre ich schon tot.« Sie lieferten ihm sogar Mehl und Salz und auch Benzin für den Generator.

Ihrer aller Leben, sagte er, hänge vom Benzin für die Generatoren ab.

»Stellen Sie sich das vor«, fügte er mit müder Stimme

hinzu: »Jeder Schritt, den ich mache, alles, was ich tue, dreht sich nur darum, dass ich es fertigbringe, Benzin für den Generator zu beschaffen. Ich muss immer wieder darauf hoffen, denn ich habe eine Stadt zu ernähren. Jeden einzelnen Tag.«

In der Dämmerung lösten sich rosafarbene Gestalten aus dem Schatten. Es war die Stunde des Wolfs, oder die Stunde zwischen Hund und Wolf. Erste Sterne erschienen am Himmel.

Am frühen Morgen dieses Tages hatten wir unsere schusssicheren Westen, unsere Helme und Rucksäcke voller Vorräte für mindestens einen Tag (Wasser, Schokoriegel, eine aluminiumbeschichtete Rettungsdecke, Erste-Hilfe-Utensilien) in den Kofferraum von O.s zerbeultem Wagen gepackt und waren zum Zarzour-Krankenhaus gefahren.

Der Chefarzt dort wirkte zunächst sehr freundlich. Er nahm mich mit in ein ruhiges Zimmer, um mit mir zu reden, aber als wir in den zerschlissenen und kalten Ledersesseln saßen, trat der harte Blick eines ausgesetzten Tiers in sein Gesicht. Er hatte den ganzen Tag gearbeitet, und davor die ganze Nacht. Sein Körper drückte äußerste Hilflosigkeit und Erschöpfung aus: nicht nur die dunklen Ringe unter seinen Augen, sondern auch die Arme, die leblos an ihm herabhingen, die eingesunkene Brust.

»Hunderte von Menschen sind in den letzten Monaten hier gewesen, wegen Raketenangriffen«, sagte er, immer zorniger werdend. »Wo sind die Vereinten Nationen? Wo ist die internationale Gemeinschaft, wer rettet uns?« Die UN habe doch versprochen, dass Krankenhäuser nicht bombardiert werden!

Aber ich bin nicht die UN, sagte ich. Er schnitt mir das Wort ab.

»Aber sie bombardieren uns! Sie bombardieren immer noch Krankenhäuser!«

Ich wollte etwas sagen, wurde mir aber bewusst, dass ich nichts darauf entgegnen konnte. Also schwieg ich. Der Arzt lehnte sich vor und deutete mit dem ausgestreckten Finger auf mich.

»Wo sind sie?«, fragte er. »Wo sind die UN? Wer kommt uns zu Hilfe?«

»Die UN kommen nicht«, sagte ich schließlich. »Sie brauchen auf niemanden zu warten. Sie müssen sich selbst retten.«

Er starrte mich sehr lange an. Dann sprang er auf. Er ging zur Tür und sagte, ich solle gehen. Ich packte meine Sachen zusammen und stand verlegen auf. Als ich schon im Gang war, schrie er hinter mir her: »Ein einziger UN-Beamter ist mal hier gewesen. Er hat versprochen, uns zu helfen. Und er hat nichts getan!«

Er schrie immer weiter. »Niemand wird je etwas tun! Sie versprechen alles und tun nichts!! Wir haben genug davon. Wir sind allein und werden immer allein sein.«

Das weiß ich doch!, wollte ich ihm erwidern. Ich weiß, dass wir nichts getan haben. Und das Schlimmste ist der Gedanke, dass man selbst, im Unterschied zu jemandem, der in Aleppo oder Homs oder Duma oder Daraja in der Falle sitzt, weggehen kann und zurückkehren wird in ein Zuhause, in dem es Strom und Wasser und Brot in Hülle und Fülle gibt; wenn einem das bewusst wird, schämt man sich dafür, ein Mensch zu sein.

In dieser Nacht lernte ich in der nur von Taschenlampen erhellten Wohnung einen jungen amerikanischen Journalisten kennen. Er hatte lockiges Haar, trug Brille und hatte einen kindlich wirkenden rundlichen Körper. Er war humorvoll und schien unbeschwerter zu sein als wir anderen; nach dem Tag in der Bäckerei erleichterte es mich, mit ihm zu reden. Er hieß Steven Sotloff. Sein Begleiter war ein Wissenschaftler aus Washington namens Barak; sie sprachen beide Arabisch und arbeiteten zusammen.

Steve hatte im Jemen Arabisch studiert, und dort in der Altstadt von Sana'a gewohnt. Er hatte sich allein gefühlt, hatte fast kein Geld mehr gehabt und erzählte, dass er Kartoffelsandwichs gegessen habe. Er stritt sich mit Barak, und gleichzeitig machten die beiden unablässig Witze. Sie erinnerten mich an Laurel und Hardy.

Vom Jemen war Steve nach Bengasi gezogen. »Du hast in Bengasi gelebt?«, fragte ich. »Und wo bist du ins Kino gegangen? Und wie hast du es geschafft, mal eine Frau zu treffen?«

Er lachte schallend und sagte, sein Leben sei im Arsch, wie das Leben aller Auslandskorrespondenten. »Würdest du dir nicht auch wünschen, du wärst nicht so von Syrien besessen?«, fragte er.

Mit uns im Raum saß ein Fotograf namens Jason, der ein wunderbares Buch über Russland gemacht hatte. Er trug alle seine Kleider – dicke Jacke, Mütze und Thermohandschuhe – und saß still im Sessel. Er hatte mir erzählt, dass er mit dem Bus von seinem Wohnort Istanbul nach Gaziantep gefahren sei. Mit seinen Kameras auf dem Schoß saß er schweigend da und beobachtete, was vor sich ging.

Steve Sotloff dagegen redete viel. Er war hungrig, also gab ich ihm eine Tüte mit gefriergetrockneten Lebensmitteln – wenig appetitliche silbrige Päckchen aus aromatisiertem Joghurt, Müsli und Huhn mit einer hellgelben Sauce, die ich in einem Campingladen in Paris gekauft hatte. Er riss die Päckchen auf und aß gierig. Es schmeckte ihm, sagte er.

Ich musste lächeln über seine von Slangausdrücken durchsetzte Sprache, seinen amerikanischen Habitus mitten in Aleppo; all das und seine kindliche Neugier kamen mir an diesem Ort geradezu paradox vor. Ich vergaß die Kälte, die Sorge, die nagende Angst in meinem Bauch.

Steve und Jason hatten wenig Geld und waren darauf angewiesen, billig zu reisen, deshalb versuchten sie oft, bei anderen mitzufahren. Unser lokaler Mittelsmann (im Journalistenjargon »Fixer« genannt) war der gutaussehende und nervöse A. Weder Steve noch ich trauten ihm. A. äußerte sich oft uneindeutig und nebulös: Wir kannten weder seinen wirklichen Namen, sein Alter, noch wussten wir etwas über seine früheren Erfahrungen als Soldat (es war nicht klar, ob er noch für die Rebellen kämpfte, und wenn ja, in welcher Abteilung). Ein französischer Fotograf hatte mir seinen Namen genannt, und ich hatte Kontakt mit ihm aufgenommen und ein Treffen organisiert. A. versprach, sein Bestes zu tun, um unsere Sicherheit zu gewährleisten. Doch ich glaubte ihm nicht ganz.

Auch Nicole war sich nicht sicher. Sie war erst 26 Jahre alt, aber sie hatte einen guten Riecher, weil sie lange in Syrien gewesen war, vor allem in Aleppo. Ihre seelische Reife fiel ins Auge, trotz ihrer Jugend. Sie war eine ernste, stille und zurückhaltende Frau. Nach ihren eigenen Angaben war sie in Aleppo, um den Krieg zu fotografieren, aber in Wahrheit suchte sie nach ihrem Freund Jim Foley, einem Journalisten, der verschleppt worden war. Neun Wochen zuvor hatte sie auf der türkischen Seite der Grenze auf ihn gewartet, als man ihr plötzlich sein Verschwinden mitteilte.

Sie hatte nur spärliche Informationen und versuchte sie zusammenzusetzen wie ein Detektiv: Wie hatten seine letzten Tage, seine letzten Stunden ausgesehen? Sie versuchte, weitere Dinge über ihn herauszufinden, die zu seiner Rettung führen konnten. Wenn sie von ihm und von ihrer Freundschaft zu ihm sprach, klang ihre Stimme zärtlich. Sie liebte ihn wie einen Bruder.

Es gab dort eine weitere junge Frau, eine Syrerin, wunderschön und verführerisch, mit langem, wallendem Haar und mit Kohlstift umrandeten Augen. Auf Französisch würde man sie als *pulpeuse* bezeichnet haben; ihre Bewegungen, ihre Sprechweise zeugten von natürlicher Sinnlichkeit. Sie nahm mein verfilztes Haar in ihre behandschuhten Hände und versuchte es zu kämmen; sie lieh mir einen Lippenstift, Eyeliner, eine Haarbürste.

Ein paar Tage bevor wir die Front erreichten, hatte A. seinen besten Freund verloren. Immer wieder brach er in Tränen aus – wenn er nach hinten auf den Balkon ging, um den keuchenden Generator anzuwerfen, wenn er mit uns über die Lage in Aleppo sprach. Er rauchte unablässig, schien nie zu essen und schenkte sich ohne Unterlass Tee nach. In seine Tasse ließ er mehrere Zuckerwürfel fallen, rührte um, trank und griff erneut nach der Kanne.

Nach dem Begräbnis seines Freundes saß er zusammen mit der jungen Syrerin die ganze Nacht in dem Zimmer, in dem Jason gewöhnlich in einem Sessel schlief. Stunde um Stunde hörte ich sie abwechselnd lachen und weinen.

Wenn man die beiden zusammen sah, konnte man erkennen, dass sie beide tief verstört waren. Als wir einmal bei unserem »Abendessen« saßen – wir hatten nur meine gefriergetrockneten Alupäckchen –, hatte A. gesagt, sein Herz sei gebrochen. Er hatte geweint und geschluchzt.

»Es ist zu viel«, sagte er auf Englisch, und noch einmal: »Zu viel.« Wieder einmal ging der Generator aus, und alles wurde dunkel. A. zog seine Gummilatschen an und ging hinaus in den Regen, um ihn wieder in Gang zu bringen. Es gelang ihm nicht, und er kam mit kläglicher Miene zurück.

»Morgen früh besorge ich noch mehr Benzin«, sagte er. Dann setzte er sich hin und schwieg.

In dieser Nacht konnte er ebenso wenig schlafen wie die junge Syrerin. A. war auf die dunkle Straße hinausgegangen und hatte bei einem fliegenden Händler ein halbes Brathähnchen gekauft. Es lag auf einem Stück fettigen Wachspapier vor ihnen auf dem Tisch.

Die beiden jungen Leute hatten dann ihre Schlafsäcke auf dem Boden aneinander geschoben. Flüsternd lagen sie zusammen. Vielleicht war es ein Flirt – obwohl das Mädchen zuvor von einem Freund gesprochen hatte, der irgendwo an der Front kämpfte, ein mächtiger Kommandeur der Rebellen; sie selbst bezeichnete sich als Anhängerin des Aufstands. Später, als ich versuchte, Schlaf zu finden, hörte ich, dass sie ein Päckchen Zigaretten aufrissen, tief inhalierten und lachten. Es war zwei Uhr morgens. Immer noch hörte man draußen Schießereien, und irgendwo landete eine Granate. Am Ende schlief ich ein, und das Letzte, was ich mitbekam, war der sanfte Klang der Worte, mit denen die junge Syrerin den weinenden A. tröstete. Er hörte sich an wie ein Kind, nicht wie ein abgehärteter Kämpfer.

Einige Wochen später wurde A. in seinem Auto ermordet. Die Pistole unter seinem Sitz hatte ihm nichts geholfen. Es war ein krimineller Akt im Gefolge von Fraktionskämpfen innerhalb der Rebellen; womöglich ein Racheakt; vielleicht hatte man ihn auch nur berauben wollen. Niemand schien es zu wissen und – schlimmer – niemand zeigte sich überrascht.

Der andere Fahrer, O., der uns in Aleppo herumgefahren hatte, war ebenfalls in seinem Auto angeschossen und schwer verwundet worden. Er überlebte.

Ich schrieb der jungen Syrerin, aber sie antwortete nicht. Erst viele Monate später erhielt ich eine E-Mail, eine seltsame und verworrene Mitteilung. Sie bat mich um ein Treffen irgendwo in Homs. Sie nannte mir eine genaue Adresse, einen Zeitpunkt und schrieb, sie werde auf mich warten. Es kam mir wie eine Falle vor, und ich ging nicht darauf ein. Ich war misstrauisch und paranoid wie jeder, der Nachrichten aus Syrien erhält, und ich sah sie nie wieder. Wieder Monate später erhielt ich eine Nachricht von ihr, dass sie mir nie zuvor eine E-Mail geschickt habe. Irgendjemand sagte mir, dass die Al-Nusra-Front und später der IS im Besitz der E-Mail-Adressen von Ausländern seien und sie auf solche Weise an bestimmte Orte locke, um sie zu entführen.

Es war Steve, der mir den Mord an A. mitteilte.

»Es war kein Schock für mich«, schrieb er. »Ich habe mich immer etwas unbehaglich gefühlt, wenn ich zu ihm kam. Sie haben ihn bestimmt schon länger auf dem Schirm gehabt. Die Menschen in der Stadt haben den ganzen Schlamassel satt, und diejenigen, die Journalisten helfen, wie er es ständig tat, sind ihnen bestimmt nie sehr sympathisch gewesen. Auch ich habe so viele Freunde in diesem Krieg verloren. Man schafft es nicht immer, dass einem das nicht an die Nieren geht.«

Wir wurden engere Freunde. Wir versuchten herauszufinden, warum A. ermordet worden war. Was hatte er zur Zeit seines Todes getan, und wer hatte ein Interesse daran gehabt, sein Leben auszulöschen?

Steve wollte nach Syrien zurück, obwohl er, wie er mir sagte, davon überzeugt war, auf einer schwarzen Liste zu stehen. Die Rebellen seien wegen eines Textes, den er geschrieben hatte, hinter ihm her. Was er geschrieben hatte, stimme nicht.

Er schrieb mir aus Michigan. Er halte »vor ein paar Texanern im Ölgeschäft« einen Vortrag über Libyen, tue dies und das, besuche seine Familie in Miami und wolle dann wieder als Reporter in den Krieg. Auf Facebook schrieb er mir: »Ich will Syrien meine ganze Aufmerksamkeit zuwenden. Anfang April werde ich wahrscheinlich in Antakya ankommen. Den ganzen Sommer plane ich, in dieser Region zu sein. Ich will mir Rakka[15]/Hasaka anschauen, ebenso wie Hama und Homs im Norden … es würde mich interessieren, mit Dir zusammen an diesem Projekt über die Vergewaltigungen zu arbeiten …, aber es stimmt, was du sagst, dass Männer von den Betroffenen nicht viel herausbekommen zu diesem Thema.«

Spätestens am 16. April sei er »wieder auf dem Radarschirm« zu finden. Er bereitete sich auf eine Reise ins syrische Kurdistan vor und äußerte noch einmal Interesse, mit mir zusammen an dem Projekt über sexuelle Gewalt zu arbeiten, an dem ich schrieb. Er hatte finanzielle Probleme und bekam manchmal Angst, wenn er daran dachte, dass er allein reisen musste, ohne finanziellen und emotionalen Rückhalt. Es war ihm auch bewusst, dass er beobachtet wurde: »Offenbar haben die Grenzidioten mich und Barak auf eine Liste gesetzt, und ich versuche herauszufinden, wie und warum …«

Kommt es auf diese Leute an?, fragte ich.

»Schon – wenn man mich für die Bombardierung von Dar al-Shifa[16] mitverantwortlich macht«, antwortete er lakonisch. »Obwohl ich erst Wochen danach in Syrien einreiste.«

Also geh nicht, sagte ich. Es klingt wie richtiger Krieg.

»Klingt wie richtiger Scheiß«, erwiderte er.

Er hatte aber keine Angst, und wenn doch, dann zeigte er es nicht.

»Wir sind alle naiv«, schrieb mir kurz nach dem Tod eines gemeinsamen Freundes von uns im März 2013 in Aleppo. »Ich renne immer noch raus und filme mit meinem Handy, wenn Bomben aus Flugzeugen fallen. Es ist so einfach, sich unbesiegbar zu fühlen, selbst wenn um einen herum nur Tod ist. *Das hier ist mein Film, du Trottel – ich werde nicht sterben!* … und um zu etwas Erfreulicherem überzugehen: Woher hattest du diese Essenspakete, die du zu Abdullah mitgebracht hast. Es sah so gut aus, was da bei Abdullah in der Küche unter der Alufolie lag, dass ich es dir echt aus der Hand reißen wollte!«

Am 25. Juli fuhr er wieder in die Region und schrieb aufgeregt: »Hey, Mama G! Ich bin wieder in der Türkei! Bist du immer noch aleppokrank? Ich bin vielleicht schon Anfang nächster Woche dort!«

Er wollte, dass ich mit ihm fuhr und die Kosten für Reisen innerhalb des Landes mit ihm teilte. Aber irgendetwas hielt mich in diesem Sommer davon ab, nach Aleppo zurückzukehren. Mein kleiner Sohn wurde schnell größer, und ich hatte das Gefühl, bisher viel zu wenig Zeit mit ihm verbracht zu haben. Vorsorglich schrieb ich Steve, dass ich im Sommer mit meinem Jungen zusammen sein wolle und ihn erst im Herbst wiedertreffen könne.

»Dann wünsche ich euch beiden viel Spaß«, antwortete Steve und empfahl Filme und Eis. Seine letzte Nachricht erhielt ich wenige Tage vor seinem Verschwinden.

Immer mehr Menschen wurden entführt und verschleppt. Bei einer anderen Reise hatte ich eine junge Amerikanerin namens Kayla Mueller getroffen, die gerade aus Arizona eingereist war und mit syrischen Kindern arbeiten wollte. Sie war mit einem syrischen Freund von mir zusammen und sagte, sie seien verlobt. Als ich mit ihr sprach, war sie jung und quicklebendig, liebenswürdig, naiv. Die herausfordernde Aufgabe, mit syrischen Flüchtlingen zu arbeiten, schien genau das zu sein, was sie sich wünschte, obwohl sie mir auf meine Frage, mit wem genau sie arbeiten sollte, keine Antwort geben konnte. Einige Tage nach unserem Gespräch wurde sie entführt.

Als sie starb, war sie 26 Jahre alt. Der IS hielt sie in Rakka gefangen, dort gab es schwere Bombardements, die sie nicht überlebte. Zur Hochzeit mit meinem Freund war es nicht mehr gekommen. Die Flüchtlinge, mit denen sie arbeiten wollte, hatte sie kaum kennengelernt.

Am 6. August 2013 erhielt ich um 2 Uhr 14 nachmittags eine Nachricht von Steves Facebook-Account, die sein Freund Barak verfasst hatte: »*Hi Janine. Hier ist Steves Freund Barak. Steve ist vor 48 Stunden nach Syrien gereist, zusammen mit Yusuf, Freund von Abdallah, und meldet sich nicht mehr. Auf S-Logistics*[17] *sind Gerüchte aufgetaucht, dass Yusuf vermisst wird. Haben Sie Kontaktinformationen zu seinen Freunden im Land? Bitte geben Sie sie nicht heraus, denn bis jetzt weiß noch niemand etwas.*«[18]

Bald darauf fanden wir heraus, dass Steve entführt und an den »Islamischen Staat« verkauft worden war. Ein Jahr lang wurde er gefangen gehalten. Seine Familie machte es nicht publik, aus Angst, die Entführer würden erfahren, dass er Jude war und in Israel studiert hatte, obwohl seine

Überzeugungen nicht die der derzeitigen israelischen Regierung waren. Er teilte sich die Zelle mit europäischen Entführungsopfern, und er traf auch mit Jim Foley zusammen. Er und Jim suchten die Verbindung mit den anderen. Manchmal gab es Auseinandersetzungen, manchmal weinten sie miteinander, aber dann mussten sie mit ansehen, wie die anderen freikamen, nachdem ihre Regierungen Lösegeld bezahlt hatten. Da ihnen klar war, dass es der Grundsatz der US-Politik war, Terroristen nicht zu bezahlen, müssen Steve und Jim gewusst haben, dass sie nicht freikommen würden.

Im September 2014 wurde Steve Sotloff von den »bärtigen Typen« – wie er sie selbst genannt hatte – des »Islamischen Staats« ermordet. Ich konnte mir einfach nicht vorstellen, dass dieser grinsende, lachende große Junge, der so gern Witze erzählte und atemlos die Berichte über die Spiele seiner Lieblingsbasketballmannschaft aus Miami verfolgte, der kluge und lustige E-Mails schrieb und mir Erziehungsratschläge gab, dass dieser großherzige Kollege und Freund enthauptet worden war.

Und auch Jim Foley, den Nicole so verzweifelt gesucht hatte, war trotz der zahllosen Bemühungen seiner Familie, ihn freizubekommen, wenige Wochen zuvor enthauptet worden.

Ich sah mir das Video ihrer Hinrichtungen nicht an – ich konnte es nicht. Aber ich sah ein Foto von Steve kurz vor seinem Tod. Er trug einen orangeroten Overall und war stark abgemagert. Sein Gesicht war nicht mehr pausbäckig und rund, und er trug keine Brille. Ein Gedanke schoss mir durch den Kopf. Steve hatte einmal einen Scherz darüber gemacht, dass er in der Türkei wegen seines Dschihadistenbarts keine Mädchen kennenlernte.

Jetzt war sein Gesicht glattrasiert. Es schien weder Neugier noch Jugend mehr darin zu geben, nur noch Erschöpfung, immerwährende Müdigkeit. Er kniete in der syrischen Wüste und sah jungenhaft, klein und schwach aus.

Er starb auf brutale Weise in einem fremden Land, das einst von einzigartiger Schönheit gewesen war, umgeben von Fremden.

Nicole und ich fuhren im Frühjahr wieder nach Aleppo und begleiteten diesmal eine Gruppe junger Kämpfer, die sich immer mehr radikalisierten, immer mehr dem Islamismus zuneigten. Die Straßen waren nicht mehr sicher: Als Ausländer waren wir potentielle Ziele für Scharfschützen. Wir mussten auch zum Essen in unserem Schlafzimmer bleiben, und wie zuvor wurde es uns von einer Nachbarin auf einem Tablett vor die Tür gestellt. Es war uns nicht erlaubt, den Hauptraum zu betreten, in dem die Männer sich versammelten, um zu reden und an ihren Computern zu arbeiten. Wenn wir zur Toilette gingen, wenn wir den Raum durchquerten, um uns zu waschen oder um Wasser aus der Küche zu holen, hielten sie in ihren Gesprächen inne und senkten den Blick.

In nur wenigen Monaten hatte sich Aleppo von Grund auf gewandelt. Zu diesem Zeitpunkt wurde uns bewusst, dass die Soldaten, die einst für die Freiheit kämpften, sich in ihrer Verzweiflung radikalisiert hatten. Auf der Fahrt aus der Stadt hinaus suchte ich nach Zeichen des alten Syrien, das einst lebendig gewesen war, bevor die Islamisten kamen. Ich tat mein Bestes, um mir kleine Dinge einzuprägen, die ich nicht vergessen wollte, Dinge, die ein Land zeigten, das nicht mehr existierte.

Epilog

März 2015

Im Winter und im Frühjahr 2013/2014 arbeitete ich für ein Projekt des UNHCR, der Flüchtlingsbehörde der Vereinten Nationen, in Jordanien, Ägypten und im Libanon. Unser Forscherteam befragte syrische Frauen, die geflüchtet waren, im Exil lebten und ihre Kinder allein aufzogen.

Wir trafen diese Frauen, ihre Kinder und andere Familienmitglieder in den Zelten, Baracken, Garagen, Lagern und in einigen Fällen in den Wohnungen, in denen sie lebten. Die Frauen waren allein, weil ihre Männer bei den Kämpfen ums Leben gekommen oder weil sie verschollen waren oder immer noch in Syrien kämpften. Viele von ihnen hatten zuvor noch nie eine selbständige Entscheidung getroffen; einige hatten ohne männliche Begleitung noch nie ihr Haus verlassen. Einige hatten sehr jung, in manchen Fällen mit 14 Jahren, geheiratet. Dann waren sie in eine Welt katapultiert worden, die so weit weg war von dem ihnen vertrauten syrischen Hinterland, dass sie es kaum verkrafteten.

Als alleinstehende Frauen waren sie Freiwild für die Männer in den Lagern, in denen sie lebten. Einige hatten Angst davor, ihre Zelte zu verlassen; erst recht nicht kam es für sie in Frage, sich in die umliegenden Dörfer zu wagen, um Lebensmittel für ihre Kinder zu kaufen.

Im kahlen Rohbau eines Hochhauses im nördlichen Libanon sprach ich mit einer Frau, die das Massaker von Hula überlebt hatte. Während Schabiha-Milizen ihr Dorf verwüsteten, war es ihr gelungen, ihre Kinder zu verstecken. Ihr Mann war schon früher gefallen, sie war allein. Als die Schabiha abgezogen waren, nahm sie ihre Kinder und machte sich auf den Weg zur libanesischen Grenze.

In Ägypten lernte ich Maria kennen (sie heißt in Wirklichkeit anders), die mit ihren zwei kleinen Töchtern in einem Flüchtlingszentrum lebte und arbeitete. Ihre Geschichte zeugt von unablässigem Leid, aber auch von Widerstandskraft. Sie hatte Homs – und einen gewalttätigen Ehemann, der sich in der Zeit des Aufbaus der FSA radikalisiert hatte – verlassen und war in Richtung Zentralsyrien gereist. Der Bus, in dem sie unterwegs war, wurde von Regierungstruppen angehalten, sie wurde herausgezerrt und mit Vergewaltigung bedroht. Ihre Töchter sahen vom Inneren des Busses aus, wie sie die Soldaten anflehte, sie freizulassen.

Sie kam frei und ließ sich in einer kleinen Stadt nieder. Nach kurzer Zeit wurde ihr dort Haft angedroht, und sie war gezwungen, mitten in der Nacht zu fliehen. In Latakia kam die Polizei und brachte sie ins Gefängnis. Ihre Töchter und ihr Mann, der ihr nachgereist war, gingen nach Ägypten. Sie folgte ihnen und war erneut seinen körperlichen und psychischen Übergriffen ausgesetzt. Mutig verließ sie ihn schließlich zusammen mit ihren Töchtern und erreichte Kairo.

Als ich sie dort traf, saß sie an einem Tisch im Flüchtlingszentrum und hielt den dort versammelten syrischen Frauen einen Vortrag darüber, wie sie sich in der fremden neuen Welt um sie herum zurechtfinden konnten. Für mich war sie die tapferste Frau, die ich je kennengelernt hatte.

»Man muss versuchen, glücklich zu werden«, sagte sie mir, auch wenn es nach den tiefen Verletzungen, die der Krieg in ihrer Seele hinterlassen hatte, sehr schwer für sie war, ein neues Leben zu beginnen.

Später gelang ihr, mit ihren Töchtern nach Deutschland zu gelangen – mit dem Schiff, mit Autos, mit Bussen und zu Fuß. Es sei ihr aber schmerzlich bewusst, wie sie sagte, dass sie wahrscheinlich nie mehr würde zurückkehren können.

Im Lauf der Jahre habe ich Hunderte von Flüchtlingen kennengelernt, die von Kriegen, gewaltsamen Konflikten und anderen Katastrophen aus ihrer Heimat vertrieben worden waren. Ihnen allen stellte ich dieselben Fragen: *Was haben Sie mitgenommen? Was haben Sie hinter sich gelassen? Was vermissen Sie am meisten? Wie werden Sie Ihr Leben neu beginnen?*

Vor allem wollte ich natürlich erfahren, warum sie geflohen waren. *Wann genau, in welchem Moment haben Sie gewusst, dass Sie Ihr Land verlassen müssen? Wann ist Ihr Leben unerträglich geworden? Wann sagten Sie: Genug – jetzt muss ich gehen?*

Oder aber, wenn man sich dazu entscheidet, irgendwo zu bleiben: *Welche Bedingungen würden Sie noch tolerieren?*

Für normale Menschen ist der Beginn eines Krieges ein Schock: Gerade noch ist man damit beschäftigt, einen Termin beim Zahnarzt zu bekommen oder Ballettstunden für die Tochter zu organisieren – und dann fällt der Vorhang. In einem Moment läuft man im Hamsterrad des Alltags, das Telefon funktioniert, man erhält SMS und Fotos auf dem Handy, Wasser strömt aus dem Hahn – und dann hört plötzlich alles auf.

Barrikaden werden errichtet. Männer werden eingezogen, Nachbarn machen sich bereit, ihre Häuser, ihren Besitz zu verteidigen. Minister werden ermordet, und das Land fällt dem Chaos anheim. Väter verschwinden. Die Banken schließen. Geld, Zivilisation, das gewohnte Leben – alles, was man kannte, geht verloren.

Als ich 2012 in Damaskus war und dieses Buch zu schreiben begann, gab es noch einen Alltag, eine Normalität. Ich ging in die Oper, ich besuchte opulente Partys und Hochzeiten mit ihren aufwendigen sunnitischen oder schiitischen Zeremonien. Ich sah, wie Schauspielerinnen für Dreharbeiten geschminkt wurden. All das war Teil eines Lebens, das noch weiterging, während der Krieg der Schwelle Syriens immer näherkam und das heute nur noch als blasse Erinnerung existiert.

Auf den Partys und Festen spürte man die Anspannung. Fast mit Händen zu greifen war die Furcht davor, dass der schon Monate währende Konflikt auch die Straßen von Damaskus erreichen könnte. Als ich eintraf, hatten die Menschen schon begonnen, die Stadt zu verlassen. Es gab Abschiedsessen, und Botschaften wurden geschlossen. Die Viertel Barzeh und al-Midan, wo ich nach dem Freitagsgebet gern spazieren ging, konnten nicht mehr betreten werden, weil dort die Aufständischen ihre Stützpunkte hatten. Ich frage mich, wie viele Menschen, die ich damals in der Moschee sah, inzwischen Syrien verlassen haben und sich im Libanon oder in der Türkei aufhalten.

Ich weiß um die rasende Geschwindigkeit des Krieges. Alle Kriege, die ich als Reporterin kennenlernte – in Bosnien, im Irak, in Afghanistan, Sierra Leone, Liberia, Tschetschenien, Somalia, im Kosovo, in Libyen und anderen Ländern – haben Gemeinsamkeiten. Dazu gehört, dass sich die Zeit, in denen sich der eben noch normale Augenblick in etwas äußerst Unnormales wandelt, ähnlich anfühlt. 2002 in Abidjan, Elfenbeinküste, zum Beispiel, ging ich nach einem reichhaltigen Abendessen in einem italienischen Luxusrestaurant abends zu Bett, und als ich aufwachte, gab es in der Stadt weder Telefon noch Nachrichtenverkehr: »Rebellen« hatten die Fernsehstation besetzt, und Leuchtgeschosse erhellten den Himmel.

In meinem Garten roch ich gleichzeitig den Duft der Mangobäume und den Gestank verbrannter Häuser. Mein ganzes Viertel stand in Flammen. Die 24 Stunden zwischen Frieden und Krieg reichten gerade aus, um Pass, Computer und Fotos zusammenzuraffen und in ein Hotel ins Stadtzentrum zu fliehen. Mein geliebtes Haus mit den Mangobäumen sah ich nie wieder.

Anfang April 1992 befand sich eine Freundin in Minirock und hohen Absätzen auf dem Weg zu ihrer Arbeitsstelle in einer Bank in Sarajewo, als sie einen Panzer die Straße hinunterrollen sah. Schüsse wurden abgefeuert. Meine Freundin kauerte zitternd hinter einer Mülltonne. Von da an war ihr Leben völlig anders. In den nächsten Wochen musste sie aus Sicherheitsgründen ihr Baby einem Fremden anvertrauen, der es im Bus mitnahm in ein anderes Land. Sie sah es jahrelang nicht mehr.

So beginnt der Krieg.

Im Sommer 2012 sagte mir Generalmajor Robert Mood aus Norwegen, der ehemalige Chefmonitor der Vereinten Nationen in Damaskus, dass Kriege keinem festen Schema folgten. Aber wenn man die Nachrichten aus dem Dorf Trimseh[19] liest und die Flüchtlinge aus Homs sieht, mit den auf den Autodächern festgeschnallten Matratzen und den Kindergesichtern an allen Fenstern, kommen einem unwillkürlich die Fehler der letzten zwei Jahrzehnte in den Sinn.

Den ganzen Sommer und bis in den darauffolgenden Winter und das Frühjahr hinein gab es ein weltpolitisches Gerangel. Russland legte immer wieder sein Veto ein, so dass der UN-Sicherheitsrat keine Sanktionen und Strafen gegen Präsident Baschar al-Assad beschließen konnte.

Menschen, die sich noch wenige Jahre zuvor Syrer genannt hatten, bezeichneten sich inzwischen als Alawiten, Christen, Sunniten, Schiiten, Drusen.

Eine diplomatische Lösung kam nicht zustande. Die Vereinten Nationen hatten an der Seite gestanden und zugesehen, als sich in Bosnien und Ruanda Völkermorde abspielten. Kofi Annan war damals für die Friedensmissionen verantwortlich gewesen. Im August 2012 gab er seinen Posten als UN-Gesandter für Syrien auf.

Lakhdar Brahimi, ein erfahrener Unterhändler, der 1989 das Ende des Krieges im Libanon zuwege gebracht hatte, war Sondergesandter sowohl der UN wie der Arabischen Liga. Viele sahen in ihm den Retter der Region, doch auch er gab im Mai 2014 verärgert seinen Posten auf. Während ich dies schreibe, versucht der italienisch-schwedische UN-Veteran Staffan de Mistura, Verhandlungen in Gang zu bringen. Er tut alles, was in seinen Kräften steht, aber auch das hat bis heute die Lage noch nicht wesentlich verbessert.

In jedem Krieg, den ich bisher als Reporterin kennenlernte, war Waffenstillstand ein Synonym dafür, Zeit zu gewinnen, um noch mehr Zivilisten zu töten. Mein Kollege von der BBC, Jim Muir, hat es auf den Punkt gebracht: »Waffenruhen treiben häufig die Kontrahenten dazu an, ihre Kampfpositionen zu verbessern, bevor der Pfiff ertönt und die Feindseligkeiten eingestellt werden.«[20]

Während ich dies schreibe, leitet de Mistura in Genf eine

Reihe von Gesprächen auf niedriger Ebene zwischen unterschiedlichen Kriegsakteuren: Syrern, Mitgliedern der Opposition, Iranern, Türken, Russen. Viele Gruppen und Kreise werden beteiligt sein, wenn man den Krieg irgendwann beenden kann. Es ist wie bei einer russischen Matroschka-Puppe, und die letzte, kleinste Puppe im Innern, das ist das syrische Volk.

Vor 15 Jahren erstellte Kofi Annan einen Bericht für die Generalversammlung der Vereinten Nationen über das Versagen der internationalen Gemeinschaft beim Massaker von Srebrenica. Er nannte das Ereignis »eine Gräueltat ohnegleichen in der Geschichte Europas seit dem Zweiten Weltkrieg«. Und doch mangelt es den Mitgliedsstaaten nun erneut an Willen oder Energie, um das Abschlachten von Frauen und Kindern zu stoppen. Während sie sich in kleinlicher Weise über Formulierungen in Papieren zanken und in Hotels herumsitzen, statt dorthin zu gehen und ihre Blicke dorthin zu richten, wo sie gebraucht werden, sterben immer mehr Menschen.

So beginnen Bürgerkriege.

In der Zeit, die ich in Syrien verbrachte, sprach ich mit so vielen Menschen, wie ich konnte, mit Menschen, die die unterschiedlichsten Ziele, Denkweisen und Hintergründe hatten. Ich wollte wissen, wie die Unterstützer Assads die Ereignisse schildern. Und ich wollte die Aussagen derer hören, die unter dem Regime litten.

2012, vor der Waffenruhe, passierte ich auf der zweistündigen Fahrt von Damaskus nach Homs acht Checkpoints der Regierungstruppen. In Homs war die Hälfte der Stadt noch nicht von Panzern plattgewalzt und funktionierte mehr schlecht als recht. Das Grün auf dem Mittelstreifen der Fahrbahnen war ins Kraut geschossen, aber ab und zu kam ein Bus, der ein paar wartende Menschen abholte. Ein seltsames Andenken an die verschwundene Normalität.

In einem überfüllten Flüchtlingscamp lernte ich eine Frau namens Sopia kennen. Sie hatte ihren dreiundzwanzigjährigen Sohn Muhammad im Dezember zuletzt lebendig gesehen, in einem Krankenhausbett in Homs. Während eines Angriffs mit Granatwerfern hatte er Splitter abbekommen, und einer davon hatte sich in sein Gehirn gebohrt. Sopia erzählte, sie sei eines Morgens zu ihm ins Krankenhaus gegangen und habe sein Bett leer gefunden. Die Ärzte hatten erklärt, er sei in ein Militärhospital verlegt worden. Doch Sopia hatte ein »schreckliches Gefühl« gehabt und verzweifelt nach ihrem Sohn gesucht.

Zehn Tage später fand sie die Leiche ihres Sohnes im Militärkrankenhaus. Sie zeigte deutliche Anzeichen von Folter: Es gab Spuren von Stromstößen an den Fußsohlen und um die Knöchel und Verbrennungen von ausgedrückten Zigaretten auf seinem Rücken. Zwei Kugeln steckten in seinem Kopf.

An diesem Morgen, als sie die Leiche ihres Sohnes sah, erkannte Sopia, dass sie sich in einem Land befand, das Krieg führte. Sie erzählte mir, Muhammad sei ein einfacher Mann gewesen, ein Bauarbeiter, den nichts mit den Aufständischen verband. Doch Sopia und ihre Familie lebte in Baba Amr, einer Hochburg der Rebellen, und Männer in Muhammads Alter traf der Generalverdacht, Kämpfer oder Unterstützer der Freien Syrischen Armee zu sein.

Ich fragte Sopia mehrmals, ob sie sicher sei, dass ihr Sohn nicht für die FSA gekämpft hatte. Ja, sagte sie, ganz sicher.

Sopias Trauer glich der Trauer von Müttern der jungen Regierungssoldaten, die in Damaskus durch Sprengfallen oder Granatsplitter gestorben waren. Für sie alle verschwinden die politischen Argumente hinter dem untröstlichen Schmerz, dem tiefen Gefühl ihres unwiederbringlichen Verlusts.

An jenem Tag, der in meinem Gedächtnis immer mehr verblasst, kontrollierten bewaffnete Soldaten an Straßensperren im ganzen Land die durchkommenden Autos. Sie suchten Waffen und Soldaten. Verdächtige Passagiere wurden festgehalten und verhört. Auf dem Weg nach Homs hielten mich höflich-drohende regierungstreue Uniformierte fest. Manchmal haben solche Situationen auch ihr Gutes. Man hat Angst davor, ins Gefängnis geworfen zu werden, aber dann hört man Menschen ganz offen über ihre Wünsche und Ziele reden, wie sie es anderswo womöglich nicht tun würden. Ich hörte ihnen immer zu, egal, wie verstiegen ihre Ansichten klangen.

Ich traf auf dieser Reise nach Homs auch einen kleinen Jungen, der auf dem Wohnzimmerboden saß und Quartett spielte. Für ihn hatte der Krieg begonnen, als sich im März 2011 der Arabische Frühling entwickelte. Danach hatten ihm seine Eltern verboten, das Haus zu verlassen. Als ich ihn besuchte, bedrohte ein Heckenschütze die Straße, und die Abende und Nächte wurden von den immer lauter werdenden Detonationen der Granatwerfer erschüttert. Der kleine Junge lebte in der Nähe der geisterhaften Ruinen von Baba Amr. In der Luft hing noch immer der Duft von Jasmin, von Olivenbäumen und Orangenblüten. Wenn er die Augen schloss, konnte er sich vielleicht einbilden, dass draußen vor dem Haus kein Krieg herrschte.

Die Familie des Jungen gehörte nicht zu den Anhängern Assads; seine Großmutter hasste Assad aus tiefstem Herzen. Aber sie verließen das Land nicht. Warum? Die

Mutter sagte mir, sie blieben in Homs, weil sie hier zu Hause seien. Und doch führten sie das Leben von Gefangenen, und in den folgenden Monaten sollte es noch schlimmer kommen.

In einem Regierungsbüro in der Nähe der Straße nach Mezzeh sagte mir ein christlicher Verwaltungsbeamter mit muslimischem Namen, er sei in einem Land aufgewachsen, das wie Bosnien ein Schmelztiegel unterschiedlicher ethnischer Gruppen war, das Heimat war für Christen, Schiiten, Sunniten und Griechisch-Orthodoxe, das Flüchtlinge aus Armenien aufgenommen habe. Doch der Aufstand werde das alles verändern. »Jeder, der an das syrische Modell glaubte, ist verraten und verkauft«, lautete sein Fazit.

Jetzt war es Juni 2014, und ich war in Bagdad. Die Grenze zwischen Syrien und dem Irak war ausradiert worden. Der »Islamische Staat« (IS) stürmte durch den Irak, schluckte ganze jesidische und christliche Dörfer und verschlang jeden, der sich seinem strengen salafistischen Regiment nicht unterwarf.

Die Jesiden, eine im Nordirak lebende religiöse Minderheit mit synkretistischen Glaubensvorstellungen, wurden wieder einmal vertrieben und suchten im Sindschar-Gebirge Schutz. Tagsüber war es glühend heiß, und es gab weder Wasser noch Nahrungsmittel oder medizinische Versorgung. Schließlich wurden viele gerettet und in ein Flüchtlingscamp gebracht, aber der IS behielt die Kontrolle über die meisten Gebiete, in denen sie seit langer Zeit lebten. Ich hatte mich 2003 mehrere Tage lang in einem ihrer Dörfer aufgehalten, hatte Hochzeiten und Begräbnisse besucht und einige der Geheimnisse ihres Glaubens kennengelernt. Nun waren sie Flüchtlinge und Obdachlose geworden, wie sie es damals schon befürchtet hatten.

Kurze Zeit, bevor der IS Mossul eroberte, die Zentralbank schleifte, Familien vertrieb und religiöse Bildwerke und Statuen von Dichtern zerstörte, lag ich im Hotel in Bagdad auf meinem Bett und versuchte, meine Erinnerungen zu ordnen. Ich hatte das entsetzliche Gefühl, dass auf der Karte des Mittleren Ostens ganze Landstriche verloren waren. Es war ein dumpfes Gefühl von Verarmung, Beschädigung, Verletzung, das mich lange nicht verließ.

Meine irakischen Freunde ordnen ihre Erinnerungen stets nach Epochen: Das geschah damals in der Zeit von Saddam; das war, als ich im iranisch-irakischen Krieg kämpfte; das passierte während des ersten Golfkriegs; das während der zweiten Invasion; das erlebte ich, nachdem die Amerikaner kamen. Jetzt hieß es: bevor Mossul fiel. Es hieß: vor dem Krieg in Syrien, vor dem Arabischen Frühling.

Es gibt auch erfreuliche Momente im Krieg. Die Kameradschaft, die Vertrautheit zwischen Menschen: Manchmal werden Schranken und Blockaden eingerissen, und es kommt zu einer so intensiven Kommunikation, wie man sie in Friedenszeiten selten erlebt. Menschen sagen und tun Dinge, die tief und authentisch sind.

Ich erinnere mich an einen heißen Sommertag in der Altstadt von Damaskus. Ein berühmter Künstler saß in seinem Atelier und stellte fest, dass der Krieg näher kam. Das Atelier war ein Raum in einem Haus, das einer jüdischen Familie gehört hatte, die dort ihre heilige Tora aufbewahrten. Der Künstler war weder für die Regierung noch für die

Opposition; er glaubte natürlich an Demokratie und Meinungsfreiheit, doch vor allem ging es ihm um die Kunst. 2010, vor dem Arabischen Frühling, hatte er seine Vision der Zukunft des Mittleren Ostens in einer Skulpturen-Ausstellung ausgedrückt, der er den Titel *Guillotine* gegeben hatte. Sie war zuerst in der Altstadt von Damaskus gezeigt worden.

Jetzt, etliche Jahre später, waren Hunderttausende seiner Landsleute tot, und Syrien hatte sich unwiderruflich gewandelt. Es wird nie mehr das sein, was es einmal war. Der Hass hat das Land bei lebendigem Leib verbrannt.

Kurz bevor ich im Frühjahr 2015 dieses Buch beendete, während der IS weiter auf dem Vormarsch ist und Palmyra erreicht hat, erhielt ich eine E-Mail von einer Gruppe von Reportern und Fotografen, mit denen ich während des Bosnienkriegs in Sarajevo zusammengearbeitet hatte. Sie hatten eine Auswahl von Fotos und Texten zusammengestellt, unsere Erinnerungen, um nicht zu vergessen, was mit diesem verzweifelten und gebrochenen Land geschehen war.

Sie hatten unsere Worte und Bilder mit eindringlicher Musik unterlegt und ein zehnminütiges Video geschaffen, das im Wesentlichen den Krieg nachzeichnete – von den ersten nationalistischen Paraden und den ersten Morden an Unschuldigen über die Massaker und Massengräber, die Zerstörungen von Moscheen, Dörfern und Städten bis schließlich zum Friedensvertrag von Dayton 1995, mit dem die Kampfhandlungen endeten. Es war unsere Art zu sagen: Seht her, so beginnt der Krieg, so zerstörerisch ist er, so endet er. Und von ihm kommt nichts Gutes.

Immer wieder sah ich mir den kurzen Film an, wie man

sich eine schmerzende Wunde kratzt, und je mehr man kratzt, desto schmerzhafter wird sie. Aber man kann nicht aufhören. Und jedes Mal weinte ich dabei. Tränen rannen auf mein T-Shirt – wie an jenem Tag im Krankenhaus von Aleppo. Ich schämte mich meiner Reaktion – schließlich hatte ich überlebt, war keinen ethnischen Säuberungen zum Opfer gefallen, war nicht vergewaltigt und meine Eltern nicht vor meinen Augen ermordet worden. Doch vor allem fühlte ich eine unendliche Traurigkeit. Meine Kollegen und ich und einige entschlossene Menschenrechtsaktivisten und Diplomaten hatten versucht, die Menschen, über die wir berichtet hatten, zu schützen, das Morden zu beenden – aber es war uns nicht gelungen. Wir hatten nicht verhindern können, dass dieses Land auseinandergerissen wurde, Glied um Glied, Kehle, Augen, Knochen.[21]

Nach Bosnien hatte ich mir geschworen, mich nie mehr einem Krieg auszusetzen, der sich so verheerend auf mich auswirken würde. Ich hatte mir geschworen, mich nie mehr dem schrecklichen und tiefen Schuldgefühl auszusetzen, dieser Gewissheit: *Wir haben nichts getan*. Manchmal fragte ich mich, wie mein Leben ausgesehen hätte, wenn ich als junge Frau – so jung, dass ich mich schämte, mein Alter zu nennen – nicht in einen Krieg hineingestolpert wäre.

Wie anders wäre mein Leben verlaufen, wenn ich nie ein Massengrab gesehen hätte oder einen Lastwagen mit Leichen, aufeinandergestapelten Körpern, deren Haut nicht mehr weich war wie die Haut der Lebenden, sondern ledrig wie die Haut der Toten. Oder eine Folterzelle, in der der Inhaftierte seinen letzten Wunsch und die letzten Liebesworte für seine Familie äußerte.

Aber all das geschah. Vielleicht ist es so, wie der Politologe Charles Tilly – mit dem ich mich als Studentin so eifrig auseinandersetzte –, schrieb, dass Menschen den Krieg als Mittel der Staatenbildung brauchen. Kriege bringen Staaten hervor – oder ist es umgekehrt? Führen Staaten unausweichlich Kriege?

Ich bin nie sehr gut in Theorie gewesen. Aber ich bin gut in Rechnen und gut darin, mich an jene zu erinnern, die gelebt haben, die auf der Erde wandelten und im Lauf der gewaltsamen Konflikte in ihren Ländern den Tod fanden.

Während ich dies schreibe, geht der syrische Krieg weiter, und fast 300 000 Syrer sind tot. Das Buch der Toten ist noch nicht beendet.

Anmerkungen

1 Laut Human Rights Watch führte der bosnische Genozid zwischen 1992 und 1995 zu geschätzten 100 000 Toten, bosnischen Muslimen und Kroaten, durch serbische Kräfte; es war der schlimmste Völkermord seit der Naziherrschaft. Die UN taten wenig, um die systematischen Gräueltaten gegen Bosnier und Kroaten zu verhindern, doch nachdem sie passiert waren, versuchten sie, die Drahtzieher vor Gericht zu bringen. Im Mai 1993 schuf der UN-Sicherheitsrat den Internationalen Strafgerichtshof für das ehemalige Jugoslawien (ICTY) in Den Haag. Es war der erste internationale Gerichtshof, der sich seit den Nürnberger Prozessen 1945–46 formierte, und der erste, der unter anderen Kriegsverbrechen Völkermord strafrechtlich verfolgte. In den Wochen nach dem 6. April 1994 kamen 800 000 Männer, Frauen und Kinder beim Völkermord in Ruanda ums Leben, etwa drei Viertel der Tutsi-Bevölkerung. In Sri Lanka wurden Zehntausende Tamilen während eines fünfundzwanzigjährigen Krieges getötet. In beiden Fällen handelte es sich um Genozid, doch die internationale Gemeinschaft schritt nicht wirkungsvoll ein. Trotz einer UN-Mission im Kosovo gibt es dort weiterhin Menschenhandel, ebenso wie in der Demokratischen Republik Kongo Vergewaltigungen an der Tagesordnung sind. Fünf Jahre nach dem Erdbeben auf Haiti leidet dieses Land unter Armut und Epidemien und ist nicht in der Lage, eine stabile Regierung zu etablieren. Die UN, manchmal nicht anwesend und manchmal zu spät anwe-

send, scheinen nicht dazu fähig zu sein, diese Probleme zu lösen, trotz der ehrlichen Entschlossenheit einiger ihrer Repräsentanten.

2 »Freeze zones« sollen zur Aussetzung von Kämpfen in einigen Gebieten führen und garantieren, dass humanitäre Hilfe an Ort und Stelle gebracht werden kann. »Es sollte etwas sein, was den Konflikt in diesem Gebiet einfriert und Gelegenheit gibt, die humanitäre Situation zu verbessern, und die Menschen sollen wissen, dass es zumindest dort diese Art von Konflikt nicht mehr gibt«, sagte de Mistura (Al-Arabiya-News). Es ist ein ›Aktionsplan‹, kein ›Friedensplan‹.

3 Aus: *4th Report of the Commission of Enquiry on the Syrian Arab Republic*, A/HRC/22/59 (5. Februar 2013), United Nations, General Assembly. © United Nations 2013. Abgedruckt mit freundlicher Genehmigung der UN

4 Ein Bericht der UN vom August 2012 über ein früheres Massaker in Hula enthüllte, dass die wahllosen Angriffe auf die Zivilbevölkerung und andere Gräueltaten der »Staatspolitik« entsprachen. Der 102 Seiten starke Bericht stellt fest, dass syrische Regierungskräfte und Schabiha-Kämpfer zahlreiche Kriegsverbrechen im Land verübten, zum Beispiel Mord, Folter und das Niedermetzeln von 100 Zivilisten, fast die Hälfte von ihnen Kinder, in der Nähe der Stadt Hula im Mai 2012. Die unabhängige internationale UN-Ermittlerkommission, geleitet von Paulo Pinheiro, kommt zu dem Schluss, dass die »Sicherheits- und Regierungskräfte auf höchster Ebene« an »schwerwiegenden Verletzungen internationaler Menschenrechte« beteiligt waren. Dazu zählten »Mord, willkürliche Angriffe auf Zivilbevölkerung und Akte sexueller Gewalt«. Die UN-Ermittler fanden heraus, dass auch Anti-Assad-Kräfte Kriegsverbrechen verübt hatten, etwa »Mord, Hinrichtungen ohne Ge-

richtsurteil und Folter«, dass diese kriminellen Handlungen jedoch nicht »den Schweregrad und die Häufigkeit der Verbrechen durch Regierungskräfte und Schabiha erreichten«. Der Bericht malt ein verheerendes Bild der Geschehnisse in Syrien und bemerkt, dass sich die Lage seit Februar »signifikant verschlechtert« habe.

5 Robert Fisk, *Independent*, 29. August 2012: »Inside Daraya – how a failed prisoner swap turned into a massacre«. © Independent Print Limited, Robert Fisk und *Independent*

6 Die Quelle ist ein syrischer Journalist, der anonym bleiben will.

7 Hugh Macleod, *Global Post*, 26. August 2012: »Inside Syria: For assault on Daraya, Assad regime brings own cameras« in www.globalpost.com/dispatch/news/regions/middle-east/syria/120826/inside-syria-sunday-massacre-daraya-assad-regime-brin

8 Abeer Al-Ahmad: https://wikileaks.org/plusd/cables/08DAMASCUS445_a.html

9 Diese Worte stammen von demselben syrischen Journalisten, der schon in Endnote 6 erwähnt wurde.

10 Hier ein verstörendes Video über Fassbombenabwürfe in Daraja: www.telegraph.co.uk/news/worldnews/middleeast/syria/10618670/Syrian-military-drop-devastating-barrel-bombs-on-city.html

11 Der Häuserkampf heißt in der Sprache des amerikanischen Militärs Urban Operations, kurz UO. Daneben ist der ältere Ausdruck MOUT, Military Operations in Urban Terrain, gebräuchlich. Die britischen Streitkräfte sprechen von OBUA, Operations in Built-Up Areas, FIBU, Fighting in Built-Up Areas, oder, alltagssprachlich, FISH, Fighting In Someone's House, oder FISH and CHIPS, Fighting in Someone's House and Causing Havoc in People's Streets. Der Ausdruck FOFO, Fighting in Fortified Objectives be-

zieht sich auf den Nahkampf an engen und gefährlichen Stellen, etwa in Bunkern und Gräben oder an Brückenköpfen, wo es außerdem gilt, Minen zu entschärfen und Breschen in die Befestigungen des Feindes zu schlagen. Vgl. Lilita I. Dzirkals, Konrad Kellen und Horst Mendershausen, *Military Operations in Built-Up Areas: Essays on Some Past, Present, and Future Aspects*, Rand Corporation 1976.

12 Human Rights Watch hat sowohl in Aleppo wie in Daraja seit der Verabschiedung der Resolution 2139 des UN-Sicherheitsrates am 22. Februar 2014 wiederholt Fassbombenabwürfe dokumentiert. Die Bomben schlugen in medizinischen Einrichtungen oder in deren Nähe sowie in Wohngegenden mit Schulen, Moscheen und Märkten oder in deren Nähe ein; es gab keine erkennbaren militärischen Ziele in der Umgebung. Fassbomben sind billig hergestellte, nicht zielgenaue Explosionswaffen. Sie werden oft an Ort und Stelle hergestellt und bestehen typischerweise aus großen Ölfässern, Gaszylindern oder Wasserkanistern, gefüllt mit Sprengmitteln und Metallstücken, die eine verheerende Splitterwirkung zeitigen. Sie werden üblicherweise von Hubschraubern aus großer Höhe abgeworfen.

13 Human Rights Watch, »Syria: Barrage of Barrel Bombs«, 30. Juli 2014 © Human Rights Watch 2014

14 www.en.qantara.de/content/destruction-of-historic-sites-syria-is-losing-its-history

15 2014 wurde Rakka zur Hauptstadt des »Islamischen Staats«.

16 Dar al-Shifa war ein Krankenhaus in Aleppo, das im November 2012 durch Bomben der syrischen Armee zerstört wurde. Die Bevölkerung des Viertels ist seitdem verstört und wütend und – mit Recht – misstrauisch gegenüber Ausländern.

17 Private Facebook-Seite für Journalisten und Entwicklungshelfer innerhalb Syriens

18 Private Mitteilung aus der Korrespondenz zwischen Steven Sotloff und der Autorin

19 Trimseh ist ein Dorf 35 Kilometer nordwestlich von Hama; die Schlacht zwischen der syrischen Armee und der FSA fand in den Abendstunden des 12. Juli 2012 statt. Es gab anfangs Berichte von einem Massaker mit Dutzenden oder sogar Hunderten Toten, auch Zivilisten. Aber zwei Tage später gaben die UN-Beobachter eine Mitteilung heraus, die auf der Recherche eines UN-Teams an Ort und Stelle beruhte. Danach hatte die syrische Armee vor allem die Häuser von Rebellen und Aktivisten angegriffen. BBC berichtete später, dies stehe »im Widerspruch zu der anfänglichen Behauptung der Opposition über ein Massaker an Zivilisten«. Die Zahl der zivilen Opfer ist unklar. Das Dorf war vor allem von Sunniten bewohnt.

20 www.bbc.com/news/world-middle-east-31514447?fbref=Default

21 Die Stelle bezieht sich auf Anne Sextons Gedicht »The Truth the Dead Know«, dessen letzte Strophe lautet: »And what of the dead? They lie without shoes in their stone boats. They are more like stone than the sea would be if it stopped. They refuse to be blessed, throat, eye and knucklebone.« www.poets.org/poetsorg/poem/truth-dead-know © 1981 Linda Gray Sexton

Dank

So viele Menschen halfen beim Zustandekommen dieses Buches, dass ich versuchen werde, am Anfang zu beginnen.

Zunächst gilt mein Dank dem syrischen Volk, meinen Freunden, deren Namen ich nicht nennen kann, und denjenigen, die ich nicht kenne, ihrem Mut und ihrer Stärke angesichts eines so brutalen Krieges.

Ebenso meinen Verlegern, Alexandra Pringle bei Bloomsbury und Phil Marino bei Norton, die warteten, Mut zusprachen und an dieses Buch über den Krieg glaubten, sowie dem verstorbenen Ash Green bei Knopf, der mich als junge Autorin entdeckte und formte.

Ich danke außerdem Lara Adoumie vom Bowdoin College, die unermüdlich und konsequent am Manuskript arbeitete; Yemile Bucay, die ihr Wissen über Geschichte und Internationale Beziehungen hinzufügte, und Fredrik Elisson, meinem klugen Assistenten.

Ebenso meinem Freund Christopher Silvester, der mir bei der Durchsicht des Manuskripts half, und Honey Al Sayed, einer syrischen, jetzt in Amerika lebenden Reporterin, die zu meinen ersten Lesern gehörte.

Dank schulde ich auch Darren Dale »Chalkie« White, der mich bei so vielen Reisen beschützte und beruhigte, wenn ich Angst bekam; er zeigte mir, wo ich unter dem Zaun durchkriechen musste, um nach einem Aufenthalt in Syrien sicher die Türkei zu erreichen.

Und Fred Pakis, der mir durch ein großzügiges Stipendium die Gelegenheit gab, an der Fletcher School of Diplomacy der Tufts University meinen Master zu machen. Ich bin ihm unbeschreiblich dankbar für das Wissen, das er mir vermittelte.

Ferner danke ich meinen Agenten Kim Witherspoon, David Forrer, William Callahan, David Godwin. Bei Bloomsbury den Mitarbeitern Angelique Tran Van Sang, Catherine Best und Steve Cox.

Ein besonderer Dank geht an The Investigative Fund des Nation Institute und Esther Kaplan, die mir zwei Stipendien für die Recherche zu diesem Buch gewährte. Mark Gevisser stellte mich ihr vor. Robert Templer am Center for Conflict, Negotiation and Recovery der Central European University gab mir die Stelle der Senior-Policy-Beraterin und damit die Möglichkeit, mich eingehender mit Aleppo zu beschäftigen. Kim Abbot, die damals zur International Crisis Group gehörte, half mir mit Namen und Kontakten. Karmen und Carne Ross inspirierten mich durch ihre unermüdliche Arbeit an der Verbesserung der Welt.

Danken möchte ich außerdem folgenden Mitarbeitern der Zeitschrift *Granta*, die mir den ersten Auftrag eines Textes über Syrien gab: John Freeman, Ellah Allfrey, Sigrid Rausing, Emily Greenhouse, Saskia Vogel und Yuka Igarashi. Bei *Harper's* genoss ich die Freundschaft von Ellen Rosenbush. Beim *Guardian* danke ich Clare Longrigg und Jonathan Shahin. Meine Redakteure und Kollegen bei *Newsweek* waren unendlich geduldig mit mir: Johnathan Davis, Etienne Uzac, James Impoco, Kira Bindrim, Claudia Parsons, Mikka Schaller, Nicholas Wapshott, Annette Fetzer, Balbina Calo, Abigail Jones, Leah McGrath Goodman, Damien Sharkov, Richard Addis, Victor Sebestyen, Cordelia Jenkins. Bei *Vanity Fair* danke ich Bruce Handy, Graydon Carter und David Friend.

In Syrien: Nicole Tung, Paddy Wells, Scott Rosenfeld, Robert Rippberger, Clare Morgana Gillis, Nir Rosen, Nada Kettunen, Kate Brooks, Renata Dwan, Georgette Gagnon, Elio Tamburi Qunteiro, Omar K., Liz Sly, Leena Saidi, Lina Khitab, Fadi Dayoub, Ghid Zraik, Joelle Eid, Juliette Touma, Khaled, Dr. Luna al Sham, Mahmoud Diab, Nadia Abu Amr, Noura al Yafi, Rafif, Shoueb Rifai, Kinan Madi, Suzan Haidamous, Waddah Abd Rabbo, Yara Bader, Abdi Nova, Yassir der 47., Catherine Philp, Martin Chulov, Faris S. und Wael.

Außerdem Dr. Annie Sparrow, Peter Harland, Robert Danin, Paul Wood, Ruth Sherlock, Anne Bernard, Suzan Alandry, Peter Bergen, Andrew Gilmour, der mir viel professionelle Unterstützung gab.

Und all den tapferen Aktivisten.

Im Irak: Ahmed Chalabi, Tamara Chalabi, Zaab Sethna, Ali Almalawi, Ali al-Saffar, Haider Kata, Sajad Jiyad, Shadi Hamid, Mohamad Rasoul, Ali Hussein, Binar Faeq Karim, Borzou Datagahi, Dr. Mowaffak al Rubaie, Hala Gorani, Fareed Yasin, Hanaa Edwar, Jonathan Cohen, Justin Theron, Louay al-Khattib, Sam Morris, Mais Albayaa, Peyman Pejman, Tim Spicer, Robin Gwinner, William Warda, Alice Walpole.

Und Mona Mahmoud, die so vieles mit mir teilte, Freud und Leid.

Dank an Melissa Fleming, Edith Champagne, Sybella Wiles, Clare Gillis, Rose Foran, Rebecca Dowd, Lynsey Addario, Mimi Little-Boyer vom UNHCR. Sowie an Lisa Fleury, Marianne ›Nari‹ Fischer, Ali Shajrawi, Sophie Zinser,

Tess Morgan, Sarah-Nicole LeFlore, Medina Adlova, Kyle Waggoner von Reid Hall und Sciences Po in Paris.

Die Teams von Human Rights Watch und Amnesty International haben mir bei meiner Arbeit in den vergangenen 20 Jahren immer wieder geholfen und sind bis heute vorbildlich in ihrem Mut und ihrer Hartnäckigkeit: Emma Daly, Peter Bouekart, Anna Neistat, Ole Solvang, Erin Evins, Donatella Rovera, Steve Cranshaw, Sevag Kechichian, Ken Roth, Adam Coogle, Liesl Gernholtz, Lama Fakih, Tom Porteous, Corinne Dufka, Priyanka Motaparthy.

Bei der *New York Times* möchte ich Michael Slackman, Cynthia Latimer, Kyle Crichton, Susan Lehman, Mark Thompson und Joe Kahn danken.

Und meiner Sippe: Ariane Quentier, Mariann Wenckheim, Alba Arikha, Christopher Silvester, Stelios Kalamotusis, Charlotte Fraser, Catherine Rubin Kermogant, Kati Marton, Mimi und Max Mulhern, Anna Sessau, John Harrison, Susan Steele, Robert Pay, Susannah und Tonio Weiss, Leslie Camhi, Bettina von Hase, Gloria Orrigi, Adam Phillips, Wendell Steavenson.

Ein spezieller Dank geht an meine Webdesignerin und Schwester Isabel Villavechia. Und alles Liebe an AJ und Holly und Baroness Arminka Helic.

Bénédicte de Roquefeuil und Diana de Gunzburg luden mich in ihre wunderschönen Häuser in der Bretagne und der Normandie ein, wo ich ungestört schreiben konnte. Ashley und Cuotie Malle liehen mir eine Hängematte in der Provence, wo ich nach Lust und Laune lesen konnte, bevor ich zu einer weiteren verstörenden Reise in den Nahen Osten aufbrach. Danke.

Dank an das GMAP-Team an der Fletcher School of Law and Diplomacy, meinen klugen Kommilitoninnen und

Kommilitonen, meinen brillanten Professorinnen und Professoren, die mich inspirierten; und an Dekanin Deborah Nutter und Mariana Stoyancheva sowie an Mahamedou Mahmoud und Botschafter Christian Dussey am Geneva Center for Security Policy für das Stipendium.

Ich danke Bruce Shapiro, Frank Ochberg und allen meinen Mitstipendiaten am Dart Center der Columbia University, wo ich Gelegenheit hatte, Krieg und Trauma auf einer tieferen Ebene zu erforschen.

Ebenso den Vermittlern und Unterhändlern im syrischen Konflikt, Staffan de Mistura und Lakhdar Brahimi, die mir ihre Zeit schenkten und sich meine eigenen Gedanken anhörten. Michael Contet im Büro des Sondergesandten für Syrien war ein effizienter und fähiger Unterstützer. Juliette Touma stellte mir großzügig Zeit zur Verfügung.

Ich danke meinem Sohn und Herzensschatz Luca Costantino Girodon und seinem Vater Bruno Girodon, die sich beide meine vielen Reisen geduldig gefallen ließen; meiner Mutter Kathryn di Giovanni, die sich die ganze Zeit um mich sorgte, aber klug genug war, sich nichts davon anmerken zu lassen; meiner Schwester Judith und meiner Nichte Janine Cifaretto für ihre Freundschaft; meinen Patenkindern Carter Spyrka und Deni Jokic; meinen Brüdern Robert und Vincent; und meiner geliebten Constance Griffin.

Dank auch an LR, der mich 2011 ermutigte, dieses Projekt zu beginnen, und mich während der ganzen Zeit unterstützte.

Unvergessen sind meine Kollegen Steve Sotloff, Jim Foley und Marie Colvin; unvergessen meine verstorbenen Brüder Richard und Joseph di Giovanni. Ihr fehlt mir jeden Tag.

Chronik des Krieges*

Vorgeschichte

Frühe Geschichte: Kriegerische Reiche

3. Jt.– 539 v. Chr.	Das Gebiet des heutigen Syrien wird nacheinander von Sumerern, Ägyptern, Hethitern, Assyrern und Babyloniern besetzt. Das Assyrische Reich steigt im 15. Jahrhundert v. Chr. zur Großmacht auf, und seine Herrschaft währt über 1000 Jahre.
539– 64 v. Chr.	Die Perser, Alexander der Große und die Seleukiden gliedern Teile Syriens in ihren Herrschaftsbereich ein.
64 v. Chr.– 6. Jh. n. Chr.	Der römische Feldherr Pompeius der Große erobert Antiochia und unterwirft Syrien. Aufgrund seines Wohlstandes wird es zu einer der wichtigsten Provinzen des Römischen Imperiums. Nach dem Fall des Römischen Reiches fällt Syrien dem Oströmischen/Byzantinischen Reich zu.

* Die kursiv gesetzten Texte (ab S. 230) beziehen sich auf die internationalen Reaktionen auf den Syrischen Bürgerkrieg.

7. Jh. n. Chr.	Muslimische Araber unter Chalid Ibn al-Walid erobern Syrien, das dem Islamischen Reich unter den Ummayyaden einverleibt wird. Diese machen Damaskus zur Hauptstadt ihres Reiches und teilen Syrien in vier Militärdistrikte: Damaskus, Homs, Palästina und Jordanien. Christen werden geduldet, einige nehmen Regierungsämter ein.
750–969	Die Abbasiden verdrängen die Dynastie der Ummayyaden und verlegen die Hauptstadt des Reiches nach Bagdad. Unter den (ägyptischen) Ichschididen wird der Hof von Ali Saif al-Daula in Aleppo durch die Förderung der Literatur zu einem Zentrum der arabischen Kultur.
969–1516	Syrien wird von Byzantinern, Türken, Ägyptern, Mongolen und Mamluken besetzt. Verfolgung der christlichen Bevölkerung in Syrien.
1516–1918	Nach der Niederlage der Mamluken nahe Aleppo wird Syrien eine Provinz des Osmanischen Reichs.

20. Jahrhundert: Die Konsolidierung der syrischen Nation

1916–1918	Während des Ersten Weltkriegs verständigen sich Großbritannien und Frankreich im geheimen Sykes-Picot-Abkommen 1916 auf die Zerschlagung des Osmanischen Reichs nach Kriegsende und auf eine Aufteilung in ihre jeweilige Einflusssphäre. 1918 rücken arabische und britische Truppen nach Syrien vor und erobern Damaskus und Aleppo. Frankreich erhält das Völkerbundmandat für Syrien und

Libanon, das Land wird in drei autonome Staaten (Aleppo, Damaskus, Großlibanon) und zwei separate Gebiete für die Alawiten (am Mittelmeer) und die Drusen (im Süden) geteilt. Einen besonderen Status erhält auch der Sandschak Alexandrette (siehe Karte).

1925–1927 Große Syrische Revolte: Die von Sultan al-Atrasch angeführte drusische Revolte breitet sich als nationale Bewegung in ganz Syrien und in Teilen von Libanon aus. Es kommt zu heftigen Gefechten zwischen Aufständischen und französischen Truppen in Damaskus, Homs und Hama.

1936–1946 Syrien und Frankreich vereinbaren die Unabhängigkeit des Landes; Frankreich behält aber weiterhin die militärische und wirtschaftliche Vorherrschaft. Während des Zweiten Weltkriegs kommt das Mandatsgebiet Syrien und Libanon zunächst unter die Kontrolle des Vichy-Regimes und wird 1941 von britischen und den Freien Französischen Streitkräften besetzt. Syrien wird für unabhängig erklärt, die Unabhängigkeit der Syrisch Arabischen Republik 1946 offiziell anerkannt.

1948–1958 Kriegerische Auseinandersetzungen mit dem neugegründeten Staat Israel, häufige Regierungswechsel und Staatsstreiche enden Anfang Februar 1958 mit dem Zusammenschluss Ägyptens und Syriens zur Vereinigten Arabischen Republik.

1961–1970 1961 trennt sich Syrien wieder von Ägypten. Rivalisierende Gruppen innerhalb der (pan-arabisch-sozialistischen) Baath-Partei kämpfen um die Vorherrschaft, bis Hafiz al-Assad 1970 in einem unblutigen Putsch die Macht übernimmt und die (seither ungebrochene) Herrschaft der Familie Assad über Syrien begründet. Eine neue Verfassung wird erlassen, Syrien als säkularer sozialistischer Staat definiert, der Islam als Mehrheitsreligion, Freiheit als heiliges Recht und Demokratie als Idealform der Regierung anerkannt.

1973–1981 Syrien und Ägypten beginnen 1973 mit einem Überraschungsangriff auf Israel den Jom-Kippur-Krieg und fachen den arabisch-israelischen Konflikt erneut an. Syrische Truppen marschieren kurz nach Beginn des libanesischen Bürgerkriegs 1976 in den Nachbarstaat ein.

1976–1982 Der Aufstand linker und unabhängiger oppositioneller Gruppen, liberaler Geistlicher und der Muslimbruderschaft endet im Massaker von Hama.

1982–1994 Syrische Truppen besetzen weiterhin Libanon und führen kriegerische Auseinandersetzungen mit Israel. 1994 stirbt Basil al-Assad, ältester Sohn und aussichtsreichster Nachfolger von Hafiz al-Assad, bei einem Autounfall.

Frühes 21. Jahrhundert: Wachsende Unzufriedenheit

2000–2001 Hafiz al-Assad stirbt 2000 nach 30 Jahren an der Macht. Nach einer Verfassungsänderung, die das Mindestalter des Präsidenten von 40 auf 30 Jahre herabsetzt, wird Baschar al-Assad durch ein Referendum ohne Gegenkandidaten zum Präsidenten gewählt. Im November 2000 lässt Baschar al-Assad 600 politische Gefangene frei. Der »Damaszener Frühling« endet im August 2001 mit der Verhaftung und Gefangennahme von führenden Mitgliedern der Demokratiebewegung, die freie Wahlen gefordert hatten.

2002–2005 Die Vereinigten Staaten von Amerika (USA) werfen Damaskus vor, im Besitz von Massenvernichtungswaffen zu sein, und zählen Syrien zu den Mächten der »Achse des Bösen«. Sie verhängen Sanktionen, weil Syrien Terroristen unterstützt und Kämpfer ungehindert nach Irak einreisen lässt.

2005–2010 Verurteilung von Oppositionellen zu langen Haftstrafen. Gleichzeitig werden diplomatische Beziehungen zu anderen Staaten wie den USA, Ländern der Europäischen Union (EU) und Irak wiederaufgenommen. Es werden Gespräche mit Israel über einen Friedensvertrag unter türkischer Vermittlung geführt. Ein Großteil der syrischen Armee wird aus Libanon abgezogen.

2010–2011 Das Tauwetter in den Beziehungen mit dem Westen endet plötzlich, als die USA erneut Sanktionen gegen Syrien verhängen mit der Begründung, Syrien verstoße gegen die UN-Resolutionen, indem es terroristische Gruppierungen unterstütze, sich mit Massenvernichtungswaffen ausrüste und die libanesische Hisbollah mit Scud-Raketen versorge.

Der Bürgerkrieg

2011: Proteste und Bürgeraufstand

Januar – Mitte März	Eine Selbstverbrennung im Norden, einige kleinere Demonstrationen und Proteste.
März	Nach der gewaltsamen Verhaftung von einem Dutzend Jugendlicher wegen Anti-Regime-Graffiti in Daraa werden »Tage des Zorns« und »Tage der Würde« ausgerufen. Massenproteste in Damaskus und Aleppo greifen auf andere Städte über. Sicherheitskräfte eröffnen das Feuer und töten Protestierende. Weitere Unruhen. Präsident Baschar al-Assad spricht erstmals am 30. März öffentlich über den Konflikt und macht ausländische Verschwörer verantwortlich.
April	Die anhaltenden Proteste weiten sich aus. Assad kündigt Reformen an. Am 22. April, dem »Großen Freitag«, werden über 100 Protestierende ermordet. Mittlerweile wird der Rücktritt Assads gefordert. Die Razzien verschärfen sich. Hunderte sterben, als die Armee Daraa belagert und andere Städte angreift. *Die internationale Presse beginnt die Proteste als »Aufstand« zu bezeichnen. Die USA und Frankreich verurteilen die Unterdrückung und fordern Reformen.*

Mai	Die Regierung entsendet Panzer nach Homs und Daraa sowie in die Vororte von Damaskus. Berichte von der Unterstützung durch iranische Kräfte bei der Niederschlagung des Aufstands machen die Runde. Über 1100 Zivilisten sterben in diesem Monat. *Die USA verhängen wegen Missachtung der Menschenrechte Sanktionen gegen Syrien. Die EU verhängt ein Waffenembargo, friert das Vermögen hoher Regierungsmitglieder ein und verhängt ein Einreiseverbot für diese.*
Juni	50 000 Menschen protestieren in Hama, 34 werden getötet. Die Regierung unterbricht den Zugang zum Internet. Bei einer bewaffneten Rebellion im Norden kommen 120 Soldaten ums Leben. Mehr als 10 000 Menschen fliehen aus Nordsyrien in die Türkei. Die Opposition bildet ihren eigenen »Nationalrat«. Assad bezichtigt weiterhin »ausländische Verschwörer«, »Vandalen« und »Terroristen«, für den Aufstand verantwortlich zu sein. *Die Arabische Liga verurteilt das gewaltsame Vorgehen des Regimes.*
Juli	Die Proteste gewinnen an Zulauf und weiten sich aus. Die Freie Syrische Armee (FSA) wird von sieben abtrünnigen Offizieren gegründet. Belagerung von Hama und »Ramadan-Massaker« mit 136 Toten. Bisher blutigster Tag des Aufstands. Gemäß einem früheren Sicherheitsbeamten des Assad-Regimes hat der Syrische Geheimdienst zwischen Juli und Oktober absichtlich inhaftierte Islamisten freigelassen, um aus den friedlichen Protesten einen gewalt-

tätigen Aufstand zu machen. Das Projekt wird von der Direktion für allgemeine Sicherheit überwacht, einer der wichtigsten und am meisten gefürchteten Organisationen. Ehemalige Insassen des Saidnaya-Gefängnisses, 50 km nördlich von Damaskus, werden prominente Mitglieder aufständischer Gruppen.

US-Außenministerin Hillary Clinton verurteilt das Assad-Regime. Die USA erklären, Assad habe jegliche Legitimität verloren.

August — Bildung des Syrischen Nationalrats in Istanbul, einer Koalition von Oppositionellen, die im In- und Ausland leben. Der Syrische Nationalrat wird später Teil der Syrischen Nationalen Koalition.

Saudi-Arabien, Bahrain und Kuwait ziehen ihre Botschafter aus Syrien ab. Großbritannien, die USA, die EU und andere fordern den Rücktritt Assads. Die USA verhängen ein Einfuhrverbot für syrisches Erdöl. Die UN verurteilen Menschenrechtsverletzungen und Gewalt gegen Zivilisten.

September — *Die EU verhängt ein Einfuhrverbot für syrisches Erdöl. Die Botschafter der USA, der EU, Großbritanniens, Japans und Kanadas nehmen demonstrativ an den Protesten teil.*

Die türkische Regierung, vormals Verbündeter Assads, bricht ihre Kontakte zum Regime ab.

Oktober — Belagerung von Homs. Regierungstruppen bombardieren die Stadt.

Der UN-Sicherheitsrat versucht, eine Resolution zu verabschieden, in der das Assad-Regime verurteilt und Sanktionen erlassen

	werden. Laut der Hohen Kommissarin der Vereinten Nationen für Menschenrechte, Navi Pillay, droht die Krise, in einen bewaffneten Konflikt abzugleiten.
November	Der FSA gelingt mit einem Angriff auf eine Militärbasis nahe Damaskus der bisher größte Schlag. Regimefreundliche Syrer greifen ausländische Botschaften an. *Die Arabische Liga beschließt, Syrien zu suspendieren, sollte das Land nicht dem Friedensplan zustimmen. Sie verhängt harte Sanktionen gegen das Assad-Regime. Der jordanische König Abdullah fordert Assad zum Rücktritt auf.*
Dezember	Sicherheitskräfte feuern auf eine Antiregierungsdemonstration in Hama. 200 Menschen werden in Idlib ermordet. Die UN berichten, dass seit Beginn des Konflikts mehr als 5000 Personen getötet worden seien. Mehr als 500 000 Menschen protestieren im ganzen Land. *Syrien erklärt sich mit der Entsendung von Beobachtern der Arabischen Liga einverstanden, die die Einhaltung der Vereinbarung, in der sich die Regierung zum Rückzug der Truppen und schweren Waffen aus zivilen Gebieten und zur Zulassung von Journalisten und Mitarbeitern von Menschenrechtsorganisationen verpflichtet hat, überwachen sollen.*

Januar	Die Al-Nusra-Front, eine Al-Qaida zugehörige Gruppe, wird gebildet. Sie kämpft gegen das Assad-Regime und ist Verbündete moderater Gruppen. *Die Arabische Liga fordert Assad zum Rücktritt auf und zieht wegen der Gewalt seine Beobachter zurück.*
Februar	Zwei Autobomben in Aleppo töten 28 Menschen. Die Regierung verstärkt die Bombardierung von Homs und anderen Städten. Hunderte Menschen sterben. Al-Qaida-Führer Aiman al-Zawahiri fordert Kämpfer in der Region auf, gegen Assad zu kämpfen. Von der Regierung kontrollierte Gebiete stimmen für eine neue Verfassung, die ein Mehrparteiensystem vorsieht. Die Abstimmung wird weitgehend als Farce angesehen. *Der UN-Sicherheitsrat schlägt vor, den Friedensplan der Arabischen Liga zu unterstützen. Russland und China legen ihr Veto ein. Die USA schließen ihre Botschaft in Damaskus. Die UN verurteilen die Menschenrechtsverletzungen und fordern Assads Rücktritt. Kofi Annan wird zum gemeinsamen Syrien-Sondergesandten der UN und der Arabischen Liga ernannt.*
März	Die FSA zieht sich aus Baba Amr im Bezirk Homs zurück. Sie fürchtet um die Sicherheit der Bevölkerung und sieht sich nicht mehr in der Lage, die Zivilisten vor den besser ausgerüsteten Regierungstruppen zu schützen. Diese übernehmen den Distrikt.

Sechs Golfstaaten schließen ihre Botschaften in Damaskus. Der UN-Sicherheitsrat einschließlich Russlands und Chinas billigt einen nicht bindenden Friedensplan. Er scheitert, und die Kämpfe gehen weiter.

April — Assad verkündet, die Kontrolle über das Land wiedergewonnen zu haben. Rebellen beschuldigen die Regierungstruppen der fortgesetzten Massaker.

Die UN vermitteln einen Waffenstillstand, und Beobachter werden entsandt. Vertreter von über 80 Staaten (»Freunde Syriens«), treffen in Istanbul zusammen und erkennen den Syrischen Nationalrat als Vertretung der syrischen Bevölkerung an. Die USA und arabische Staaten sagen Hilfe für die Rebellen zu.

Mai — Sicherheitskräfte überfallen die Universität von Aleppo. Viele Menschen werden hier und in Damaskus ermordet. Parlamentswahlen werden durchgeführt, von der Opposition boykottiert. 108 Menschen, davon 49 Kinder, werden in Hula getötet.

Der UN-Menschenrechtsrat bezichtigt Assads Truppen, Kriegsverbrechen zu begehen. Frankreich, Großbritannien, Deutschland, Italien, Spanien, Kanada und Australien weisen hochrangige syrische Diplomaten aus Protest gegen die Ermordung von Zivilisten in Hula aus.

Juni — UN-Beobachter geraten unter Feuer, als sie nach Haffa zu kommen versuchen. (Sie finden die Stadt, über der ein starker Leichengeruch hängt, fast menschenleer vor.) Russland entsendet zwei Kriegsschiffe nach Syrien, um

	seine Marinebasis Tartus am Mittelmeer zu schützen. Die Türkei ändert ihre Einsatzregeln gegenüber Syrien, nachdem ein türkisches Militärflugzeug (an der Grenze) abgeschossen wurde. Eine Krisensitzung der NATO wird einberufen.
	Der UN-Untergeneral für Friedenseinsätze (Chef der Blauhelme), Hervé Ladsous, bezeichnet den Konflikt als »Bürgerkrieg«. Die UN setzen ihre Beobachtermission aus. In Genf wird eine Syrienkonferenz abgehalten, ein Abschlussdokument, das Genfer Kommuniqué, ist das Resultat.
Juli	200 Menschen werden in Tremseh (Bezirk Hama) von Regierungstruppen massakriert. Im Gegenzug bombardiert die FSA ein Gebäude der Sicherheitskräfte in Damaskus und tötet dabei hochrangige Politiker, darunter auch Verwandte von Assad. Die FSA belagert Aleppo.
	Eine vom UN-Sicherheitsrat eingebrachte Resolution, in der mit Sanktionen gegen Syrien gedroht wird, scheitert am Veto von Russland und China. Ein UNHCR-Flüchtlingslager in Jordanien wird eröffnet, in der Folge werden dort 80 000 Syrer aufgenommen.
August	Sicherheitskräfte ermorden 400 Menschen in einem Vorort von Damaskus und 40 weitere in Azaz nahe der türkischen Grenze.
	Kofi Annan gibt auf, Lakhdar Brahimi wird neuer Sondergesandter der UN und der Arabischen Liga. Die UN werfen sowohl syrischen Regierungstruppen als auch Rebellen Verbre-

	chen gegen die Menschlichkeit vor. US-Präsident Barack Obama erklärt, dass der Einsatz von chemischen Waffen seitens Assad für die USA ein Überschreiten der »roten Linie« bedeute und damit eine Intervention.
September	*Die USA versprechen den Rebellen eine Unterstützung in Höhe von 45 Mio. $ (ausgenommen ist tödliches Kriegsgerät).*
Oktober	Kämpfe und Bombardierungen in verschiedenen Städten. Durch ein Feuer wird der historische Basar in Aleppo zerstört. Die Spannungen zwischen Syrien und der Türkei wachsen, nachdem fünf Menschen in einer türkischen Grenzstadt durch eine syrische Granate getötet wurden. Die Türkei fängt ein syrisches Flugzeug ab, das angeblich Waffen aus Russland an Bord hat.
November	Rebellen schießen zwei Militärflugzeuge ab. Die Nationale Koalition der syrischen Revolutions- und Oppositionskräfte wird in der katarischen Hauptstadt Doha gebildet. Ihr gehören keine Islamisten an. Das israelische Militär beschießt zum ersten Mal seit dem Jom-Kippur-Krieg 1973 syrische Artillerie auf den Golanhöhen. *Die UN beschuldigen Rebellen, mit der Exekution von gefangenen Regierungssoldaten Kriegsverbrechen begangen zu haben.*
Dezember	Rebellen machen Geländegewinne in Damaskus, erobern einige Militärbasen und rücken gegen den Flughafen vor. Der UNHCR bestätigt, dass eine halbe Million Syrer aus dem Land geflohen sind.

Die USA, Großbritannien, Frankreich, die Türkei und die Golfstaaten erkennen die Nationale Koalition als »legitimen Vertreter« des syrischen Volkes an. Die USA setzen die Al-Nusra-Front auf die Liste der »terroristischen Organisationen«.

2013: Der Aufstieg des Islamischen Staates

Januar — Assad kündigt politische Reformen für die Nachkriegszeit an, bombardiert aber weiterhin Aleppo und Damaskus. 65 Leichen, gefesselt und durch Kopfschüsse getötet, werden in Aleppo gefunden. Ein Konvoi mit Luftabwehrwaffen wird aus der Luft angegriffen – vermutlich steht Israel hinter dem Luftschlag.
Internationale Geldgeber sagen mehr als 1,5 Mrd. US-$ zu, um der Bevölkerung zu helfen. Die USA versprechen der Nationalen Koalition medizinische und Nahrungsmittelversorgung zu, verweigern aber militärische Unterstützung. Die USA und Russland treffen sich zu von Brahimi vermittelten Friedensgesprächen, die ohne einen Durchbruch enden.

Februar — Ein Bombenattentat in Damaskus tötet Dutzende von Mitgliedern der Baath-Partei und andere. Die Rebellen rücken mit Hilfe ausländischer Waffen weiter vor.
Die USA und Großbritannien sagen wieder nicht-militärische Hilfe für die Rebellen zu.

März — Syrische Kampfflugzeuge bombardieren das von Rebellen eroberte Rakka. Islamistische

Gruppen richten im Osten des Landes einen religiösen Rat ein. Berichte über die Einführung der Scharia durch die Al-Nusra-Front. Waffen werden von Iran eingeflogen.
US-Präsident Obama und der russische Präsident Wladimir Putin starten neue Syrieninitiativen für eine friedliche Lösung des Konflikts. Die EU spricht sich gegen den französisch-britischen Vorschlag aus, die Rebellen zu bewaffnen. Die UN geben die Zahl der Flüchtlinge mit über einer Million an. Die Arabische Liga spricht der Nationalen Koalition den vakanten Sitz in ihrer Organisation zu.

April Mit dem Erscheinen des Islamischen Staates (IS) nimmt die Zahl der ausländischen Dschihadisten in Syrien zu. IS-Führer Abu Bakr al-Baghdadi kündigt einen Zusammenschluss des IS mit der Al-Nusra-Front an, was von dieser zurückgewiesen wird. Hassan Nasrallah, Anführer der Hisbollah, verkündet, seine schiitischen Kämpfer würden Assad unterstützen.
Großbritannien und Frankreich berichten der UN, Assad habe chemische Waffen eingesetzt. Der UN-Sicherheitsrat fordert ein Ende der Gewalt in Syrien und verurteilt die Menschenrechtsverletzungen. Die USA sichern Rebellen zusätzliche 23 Mio. US-$ an nicht-militärischer Hilfe zu.

Mai Israelische Luftschläge auf einen Transport iranischer Raketen bei Damaskus. Autobomben und Zusammenstöße in Nachbarländern fordern 50 Tote. Die Hisbollah entsendet Tausende Kämpfer zur Unterstützung Assads.

	Die EU hebt das Waffenembargo gegen die syrische Opposition auf, hält das Embargo gegen das Assad-Regime aber aufrecht. Die UN beziffern die Zahl der Binnenflüchtlinge in Syrien auf 4,25 Mio.
Juni	Die Regierung erobert die strategisch wichtige Stadt Kusair zwischen Homs und der libanesischen Grenze zurück. Rebellen töten 60 Menschen in Hatla. *Die UN beziffern die Zahl der im Konflikt Getöteten auf 93 000, ein paar Tage später korrigieren sie die Zahl auf über 100 000. Die USA bezichtigen das Regime, in den letzten zwölf Monaten mehrfach chemische Waffen eingesetzt zu haben, und kommen zu dem Ergebnis, die Rebellen auch mit direkter Militärhilfe zu versorgen. Die UN bezeichnen die Lage in Syrien als die »schwerste humanitäre Katastrophe« seit dem Zweiten Weltkrieg.*
Juli	Der von Saudi-Arabien unterstütze Ahmad al-Dscharba führt die Nationale Koalition. Regierungstruppen marschieren in Homs ein und besetzen die Chalid-ibn-al-Walid-Moschee, ein Symbol der Rebellen. Die Regierung belagert das nahe Damaskus gelegene, von palästinensischen Flüchtlingen bewohnte Lager Jarmuk, Hunderte verhungern. *Amnesty International verurteilt die Belagerung als Verbrechen gegen die Menschlichkeit.*
August	Der Einsatz chemischer Waffen in einem Vorort von Damaskus tötet 1429 Menschen im Schlaf.

	Die Menschenrechtsorganisation Human Rights Watch (HRW) vermutet, dass das Giftgas Sarin zum Einsatz kam. UN-Waffeninspektoren werden ein paar Tage später entsandt und geraten unter Feuer. Der Einsatz chemischer Waffen zwingt US-Präsident Obama, über ein begrenztes militärisches Eingreifen mit Unterstützung des Kongresses nachzudenken. Der britische Premierminister David Cameron fordert ebenfalls eine militärische Antwort, die vom Parlament jedoch zurückgewiesen wird.
September	Elf der größten islamistischen Rebellengruppen brechen mit der Nationalen Koalition und erklären die Errichtung eines Islamischen Staates als ihr Ziel.
	Russland bezweifelt die US-Erkenntnisse über den Einsatz chemischer Waffen und warnt vor US-amerikanischen Luftschlägen. Russland schlägt eine diplomatische Lösung vor: Syrien solle der Chemiewaffenkonvention beitreten. Die USA stimmen zu. UN-Inspektoren erklären, klare und überzeugende Beweise dafür gefunden zu haben, dass Sarin eingesetzt worden ist. Die UN-Resolution 2118, mit der das Regime in Damaskus aufgefordert wird, alle Chemiewaffen vernichten zu lassen, wird einstimmig angenommen.
Oktober	*UN-Inspektoren beginnen mit der Zerstörung der Chemiewaffen.*
November	Islamisten machen Fortschritte bei der Eroberung der Provinz Deir-al-Zor.
Dezember	*2,3 Mio. Flüchtlinge leben in der Türkei, im Irak, in Jordanien, im Libanon und in Ägypten,*

	viele davon in Lagern. Die USA und Großbritannien stoppen ihre Unterstützung für Rebellen, nachdem Islamisten FSA-Stützpunkte erobert haben. UN-Menschenrechtskommissarin Navi Pillay spricht von erdrückenden Beweisen der Verstrickung des Regimes in Kriegsverbrechen der »höchsten Stufe«.

2014: Patt-Situation

Januar	Die UN stoppen zeitweise die Opferstatistiken wegen der Unmöglichkeit, die Informationen zu überprüfen. Aus Syrien geschmuggelte Information belegen nach Aussagen von Spezialisten, dass Folter und Ermordung Gefangener in »industriellem Maßstab« betrieben wird. *Die Genf-II genannten Friedensgespräche mit den Teilnehmern Syrische Regierung, Nationale Koalition, USA und Russland werden aufgenommen. Es werden keine Fortschritte erzielt.*
Februar	Von Regierungstruppen abgeworfene Fassbomben töten fast 250 Menschen in Aleppo. *Eine zweite Runde der Genfer Friedensgespräche scheitert. Die USA warnen vor einem politischen Stillstand.*
März	Die syrische Armee und die Hisbollah erobern die Rebellenhochburg Jabrud zurück. Israel führt Luftschläge gegen die syrische Armee.
April	Die jordanische Luftwaffe greift einen Konvoi nahe der Grenze an. Spätere Berichte zeigen, dass es sich möglicherweise um Rebellen ge-

	handelt hat, die Zuflucht vor den Regierungstruppen suchten.
Mai	Nach drei Jahren verlieren die Rebellen ihre Hochburg Homs an die Regierungstruppen. Nach Vereinbarung eines Waffenstillstands ziehen über 1000 Rebellen ab. Laut einem HRW-Bericht haben die Truppen Assads Chlorgas und Fassbomben in Rebellengebieten eingesetzt. *Der Sondergesandte der UN und der Arabischen Liga für Syrien, Lakhdar Brahimi, gibt sein Amt auf und entschuldigt sich beim syrischen Volk für das Scheitern der Friedensgespräche.*
Juni	Präsidentschaftswahlen in den von der Regierung beherrschten Gebieten werden von der Opposition boykottiert und von der internationalen Gemeinschaft als Farce bezeichnet. Assad wird mit fast 89 Prozent wiedergewählt. Der IS ruft offiziell ein »Islamisches Kalifat« in dem von ihm beherrschten Gebiet aus, das sich von Aleppo bis zum irakischen Bezirk Diyala erstreckt.
Juli	Der IS festigt sein Herrschaftsgebiet und erobert eine große Militärbasis nahe Rakka. *Der UN-Sicherheitsrat autorisiert Hilfslieferungen der UN vom Irak, von Jordanien und der Türkei aus in Rebellengebiete. Staffan de Mistura wird UN-Sondergesandter für Syrien.*
August	Der IS kontrolliert den Bezirk Rakka. Der US-Journalist James Foley wird enthauptet. Das vom IS veröffentlichte Video ist das erste einer Reihe weiterer Enthauptungsvideos.

Die USA initiieren ein Treffen einer Anti-IS-Koalition in Paris. Die UN bezichtigen den IS, Kriegsverbrechen und Gräueltaten begangen zu haben.

September Der IS enthauptet den US-Journalisten Steven Sotloff (und den britischen Entwicklungshelfer David Haines). Die USA und fünf arabische Staaten fliegen Luftangriffe gegen den IS in Aleppo und Rakka. Der IS greift die syrisch-kurdische Enklave Kobane an.

US-Präsident Obama autorisiert Luftangriffe in Syrien gegen Stellungen des IS. Der UN-Sondergesandte de Mistura besucht Damaskus.

Oktober Der IS ist in Kobane weiter auf dem Vormarsch, wird aber von den Luftschlägen der Koalition zurückgeworfen. Regierungstruppen schließen Aleppo ein und unterbrechen die Versorgungswege der Stadt. Libanon schließt seine Grenze zu Syrien, nachdem mehr als eine Million Syrer in das Land geflohen sind.

UN-Sondergesandter de Mistura fordert Waffenstillstandsregionen (»freeze zones«) rund um Aleppo, um humanitäre Hilfslieferungen in die Stadt zu bringen.

November Die Al-Nusra-Front vertreibt die Hazm-Bewegung, ein Bündnis moderater Rebellen, aus dem Bezirk Idlib. Die säkulare Miliz war mit US-amerikanischen Waffen ausgestattet worden.

Nichtregierungsorganisationen fordern die internationale Gemeinschaft auf, mehr humanitäre Hilfe zu leisten. Immer mehr Menschen fliehen aus Syrien in die Türkei, den Irak,

	nach Libanon und Jordanien. UN-Sondergesandter de Mistura besucht erneut Damaskus.
Dezember	Die syrische Regierung erlaubt der Weltgesundheitsorganisation (WHO), medizinische Hilfe in von der Opposition kontrollierte Gebiete zu bringen. Die UN bezeichnen das Jahr 2014 mit 76 000 Toten als das bisher tödlichste Jahr im Syrienkonflikt. *17 Rebellenführer formen in Südsyrien ein Bündnis aus säkularen und islamistischen Rebellen und hoffen auf größere Unterstützung durch westliche und arabische Staaten.*

2015: Der Konflikt verschärft sich

Januar	Kurdische Einheiten vertreiben nach viermonatigen Kämpfen den IS aus Kobane. Die Kämpfe rund um Damaskus verstärken sich. Der Konflikt zwischen der Hisbollah und Israel auf den Golanhöhen wird in den Libanon getragen. *Es wird berichtet, dass einige syrische Rebellengruppen nicht mehr von der CIA unterstützt werden.*
Februar	Die syrische Regierung willigt ein, Luft- und Artillerieschläge auf Aleppo auszusetzen, wie von den UN vorgeschlagen. Sie beginnt jedoch am 17. Februar eine neue Offensive gegen die »freeze zones«, das führte zur Aufgabe der »freeze zones« an dem Tag, als de Mistura dem UN-Sicherheitsrat über die Waffenruhe berichtet. HRW wirft Assad vor, weiterhin Fassbom-

ben zu verwenden. Die Hazm-Bewegung kündigt ihre Auflösung an, nachdem sie von der Al-Nusra-Front in Aleppo geschlagen wurde. Der IS veröffentlicht ein Video, das die Verbrennung eines gefangenen jordanischen Piloten zeigt.

Die USA und die Türkei kommen in einem Abkommen überein, syrische Rebellen im Kampf gegen den IS auszubilden und zu bewaffnen. De Mistura bezeichnet Assad als Teil einer Lösung in Syrien und besucht erneut Damaskus.

März

Eine Offensive der Opposition kann die Regierungstruppen zurückdrängen. Das Rebellen bündnis Dschaisch al-Fath, unterstützt von der Türkei, Saudi-Arabien und Katar, erobert Idlib und bedrängt Latakia, eine Hochburg der regimetreuen Kräfte. Das Bündnis säkularer und islamistischer Rebellengruppen nimmt den an der jordanischen Grenze gelegenen Ort Nasib ein.

Die Opposition weist de Misturas Forderung nach einem Waffenstillstand zurück, er würde nur Assad nutzen. Die UN und eine weltweite Allianz wohltätiger Organisationen wie Oxfam und Save the Children bezeichnen 2014 als das schlimmste Jahr seit Beginn des Konflikts. Die internationale Gemeinschaft wird angeklagt, zu wenig für die Opfer und zur Entschärfung des Konflikts zu unternehmen. UN-Generalsekretär Ban Ki-moon teilt der Arabischen Liga mit, dass er de Mistura beauftragt hat, das Genfer Kommuniqué von 2012 auszuarbeiten.

April	Der IS übernimmt die Kontrolle über das Lager Jarmuk nahe Damaskus. Dadurch verschlechtert sich die Lage im Flüchtlingslager weiter. *Die UN kündigen eine Gesprächsrunde mit mehreren regionalen und globalen Parteien an, um die Möglichkeit des Wiederbeginns von Friedensgesprächen auszuloten. De Mistura lädt Iran ein, an den Friedensgesprächen teilzunehmen, obwohl zuvor die Opposition gedroht hat, die Gespräche in diesem Fall zu boykottieren.*
Mai	Die USA fliegen weiter Luftangriffe gegen den IS und töten dabei ein hochrangiges IS-Mitglied. Der IS kontrolliert nun Palmyra und damit über die Hälfte des Landes. Die Hisbollah erklärt, sie sehe »kein Ende« des Bürgerkriegs. *In Genf beginnen Friedensgespräche auf niedriger Ebene zwischen Oppositionellen, arabischen Staaten, den USA, Russland und anderen regionalen und globalen Interessengruppen. Über 30 syrische Oppositionsgruppen weisen die Einladung zu den Gesprächen zurück.*
Juni	Kurdische Milizen der Volksverteidigungseinheiten (YPG) erobern die für den Nachschub wichtige Grenzstadt Tal Abyad im Bezirk Rakka. Der IS tötet mindestens 145 Menschen in Kobane und zwingt 60 000 zur Flucht. *De Mistura kritisiert während seines Dreitagebesuchs in Damaskus den Einsatz von Fassbomben. Die Gespräche in Genf werden fortgesetzt.*

August	Regierungstruppen greifen zehn Tage lang Vororte von Damaskus an, die von Rebellen gehalten werden. 247 Menschen werden getötet. Der IS beginnt mit Zerstörungen in Palmyra und enthauptet den Ausgrabungsleiter. Eine große Anzahl von syrischen Flüchtlingen wandert nach Europa und sucht um Asyl nach.
September	Beim Einsatz von Fassbomben durch die syrische Armee kommen in Aleppo 53 Menschen ums Leben. Frankreich fliegt Luftangriffe gegen den IS. Russland greift Ende des Monats militärisch in den Konflikt ein: Russische Kampfjets bombardieren Stellungen des IS. *Einige Staaten schließen die Beteiligung Assads für eine Friedenslösung nicht mehr aus.*
Oktober	Weitere russische Luftangriffe. Assad besucht Putin in Moskau. Die USA entsenden eine kleine Gruppe von »Spezialkräften« nach Syrien und gewähren der Opposition weitere 100 Mio. US-$. Der IS zerstört erneut Altertümer in Palmyra. *Beim Syrien-Gipfel in Wien einigen sich alle wichtigen Parteien auf die Prinzipien für einen Friedensprozess.*
November	Die französische Luftwaffe bombardiert die IS-Hochburg Rakka (nach den IS-Anschlägen in Paris). Russische und US-amerikanische Flugzeuge greifen Tankwagen des IS an. Ein russischer Kampfjet wird von türkischen Kampffliegern im Grenzgebiet abgeschossen.
Dezember	Britische Luftschläge. Deutschland greift mit Tornados und einer Fregatte in den Konflikt ein.

Der UN-Sicherheitsrat verabschiedet einen Friedensplan für Syrien. Nach Schätzungen der UN hat der Syrienkonflikt bis August 2015 etwa 250 000 Todesopfer gefordert, 7,6 Mio. Menschen wurden bis Ende 2015 zu Binnenvertriebenen, und 4,6 Mio. Menschen flohen ins Ausland.

2016: Kein Ende in Sicht

Januar — Russische Kampfflugzeuge greifen Ziele in Maarat al-Numan an. Mindestens 57 Menschen werden getötet, etwa die Hälfte davon Kämpfer der Al-Nusra-Front. IS-Kämpfer greifen das von Regierungstruppen gehaltene Deir al-Zor an und ermorden mindestens 60 Menschen. In Damaskus sterben bei mehreren Sprengstoffanschlägen des IS mindestens 58 Menschen, über 100 werden verletzt.
Nach UN-Vermittlung werden Lebensmittel zu von Aufständischen belagerten Dörfern und zur von Regierungstruppen belagerten Stadt Madaya geliefert. In Genf beginnen Verhandlungen zwischen den Konfliktparteien unter der Vermittlung von de Mistura.

Februar — Nach Siegen der Regierungstruppen und drohender Einkesselung der von Rebellen gehaltenen Teile Aleppos stauen sich an der vorerst geschlossenen Grenze zur Türkei viele Tausend Menschen. Bei Angriffen auf Krankenhäuser und Schulen in Rebellengebieten werden 50 Personen getötet. Selbstmordattentäter des

	IS töten in Damaskus und Homs mindestens *110 Menschen. Am 27. Februar beginnt ein Waffenstillstand, der größtenteils eingehalten wird. Die Al-Nusra-Front und der IS sind vom Waffenstillstand ausgeschlossen.* *Friedensgespräche in Genf werden bis Ende des Monats ausgesetzt. Vertreter der Syrien-Kontaktgruppe beschließen in München humanitäre Hilfslieferungen und eine Feuerpause zwischen den Konfliktparteien.*
März	Die russischen Streitkräfte beginnen mit dem Rückzug aus Syrien. Syrische Truppen erobern Palmyra.
April	Die Al-Nusra-Front schießt ein syrisches Militärflugzeug ab. IS-Kämpfer entführen Arbeiter einer Zementfabrik. Parlamentswahlen werden durchgeführt, von der Opposition boykottiert. Der Waffenstillstand wird brüchiger. Gegen Ende des Monats nehmen die Kämpfe um Aleppo wieder zu. Bei Luftangriffen wird ein Krankenhaus im Rebellengebiet bombardiert. Rund 200 Personen werden getötet. *Die Friedensgespräche in Genf werden wieder aufgenommen, nach einer Woche aber wieder ausgesetzt.*

Der Bürgerkrieg in Zahlen

Tote	ca. 400 000 (nach Angaben von Staffan de Mistura) 470 000 (nach Angaben des Syrischen Zentrums für politische Forschung / SCPR) Die UN hat ihre Zählung im August 2015 bei 250 000 Toten beendet.
Verwundete	1,9 Mio. (nach Angaben des SCPR)
Flüchtlinge	4 835 186 (nach Angaben des UNHCR)
Binnen-flüchtlinge	7,6 Mio. (nach Angaben des UNHCR) Zum Vergleich: Nach Angaben der UN hatte Syrien 2014 eine Bevölkerung von 23,3 Mio.
Asylanträge in Europa 2015	362 800 Erstanträge davon 158 657 in Deutschland, 64 080 in Ungarn, 50 890 in Schweden (nach Angaben von Eurostat und des Bundesamtes für Migration und Flüchtlinge / BAMF) Jan. – März 2016: 88 774 Erstanträge in Deutschland (nach Angaben des BAMF)

(Stand: April 2016)